文艺中国

精品购物指南报社　编著

清华大学出版社

北京

图书在版编目（ＣＩＰ）数据

文艺中国 / 精品购物指南报社编著. —— 北京: 清华大学出版社, 2014
（乐游中国）
ISBN 978-7-302-34911-2

Ⅰ.①文… Ⅱ.①精… Ⅲ.①旅游指南–中国 Ⅳ.①K928.9

中国版本图书馆CIP数据核字(2013)第317827号

责任编辑：纪海虹
封面设计：郭宏观
版式设计：于珊珊
责任校对：王荣静
责任印制：杨 艳

出版发行：清华大学出版社
　　　　网　　址：http://www.tup.com.cn，http://www.wqbook.com
　　　　地　　址：北京清华大学学研大厦A座　　邮　　编：100084
　　　　社 总 机：010-62770175　　　　　　　邮　　购：010-62786544
　　　　投稿与读者服务：010-62776969, c-service@tup.tsinghua.edu.cn
　　　　质量反馈：010-62772015, zhiliang@tup.tsinghua.edu.cn
印 刷 者：北京鑫丰华彩印有限公司
装 订 者：三河市新茂装订有限公司
经　　销：全国新华书店
开　　本：148mm×210mm　　印　张：5.375　　字　数：179千字
版　　次：2014年5月第1版　　印　次：2014年5月第1次印刷
印　　数：1~4000
定　　价：35.00元

产品编号：049414-01

精品購物指南 报社
LIFE STYLE

编 委 会：张书新 李　文 王明亮
　　　　　徐　方 谷玉恒 乔福刚
　　　　　郭有祥 管　洁 赵跃红
主　　编：徐　冰
执行编辑：吴建京

Stationed most
literary temperament five cities

驻扎最具文艺
气质的5座城

北京

——淡定大气 恢宏之城

　　在夜色降临，都市的浮华渐渐散去的时候，随便转进一条胡同，和院门口儿乘凉的大爷随便聊几句家常或是偷听胡同口儿刚下班的小青年儿逗贫嘴，可能更能接近北京的精髓……

·入榜理由·

胡同里冷不丁冒出个名人故居，街道边就是几百年的遗迹，车水马龙的街道转角就是碧连天的后海……北京从骨子里透出惬意、淡定。北京的城市足迹已经延续了千年，古老的、传统的、摩登的、前卫的……你可以找到任何感兴趣的点走进去。

乐游TIPS
Tour Tips

◎ 交通

　　飞机：北京——上海，1小时30分钟左右

　　高铁：北京——上海，5小时左右

◎ 住宿

　　背包系：上巢酒店（朝阳区朝阳路慈云寺12号楼甲，时尚艺术酒店，每间客房都是不同的主题）

　　奢华系：北京院子酒店（东城区安定门西大街8号,5个四合院各有特色,奢侈如私家后花园）

乐游随笔
Tour Essay

风物北京难以抗拒

　　北京，不是中国的北京，就如巴黎不是法国的巴黎，伦敦不是英国的伦敦，更多的，它们属于这个世界，是这个世界上唯一的一座城。

　　北京的胡同，串着承载着无数故事的四合院，独特的建筑形式令人惊叹，但它更让人沉迷的，是胡同中那种悠然自得的生活方式以及人与自然之间、人与人之间的亲密关系，"天棚鱼缸石榴树，先生肥狗胖丫头"、"凉席板凳大槐树，奶奶孙子小姑姑"，光是读到这样的句子，就足以荡起满心的涟漪。

　　是的，北京可爱的去处太多太多（我说的不是那些被旅游手册写滥、被游人挤烂的旅游景点）。比如故宫边上的筒子河，那里有护城河、垂柳、城墙、宫

殿，永远古典大气的构图，永远都是安静从容的；比如明城墙遗址，只是一段闹中取静的残破城砖，但漫步其下，强大的历史沧桑感能瞬时将你的所有杂念淹没；还有北二环路，一侧是北京最古老的城区，另一侧是向外延伸的现代建筑，一种强烈的冲突美感总会让我莫名地着迷，同时内心因有归属感而格外踏实。

虽然，同周围的很多人一样，我也几乎天天都在抱怨北京，路太堵、天太灰、人太多……可在见过也走过一些国内外的城市后，北京依然是我不曾动摇的牵挂与眷恋……北京，我爱你！

我曾走在维也纳街头，著名的城市环形大道旁，那里每栋建于中世纪的古老建筑都保存完好，而北京呢？一段老城墙的残垣断壁，一个个被改造为各种娱乐场所的四合院，文青艺青们的风花雪月、行为艺术，这就是真实的北京。再厚重的历史也难以抵挡"现代文明"的涂鸦，古典与前卫之间，无所谓对错，无所谓妥协。城市也有她的命运。

而我们，唯有尽情享受生活，才是表达爱的最好方式。清晨，看安定门桥上初升的太阳和风筝飞扬；中午，去四合院尝私家菜，或去老字号来碗炒肝就包子；下午，在老巷子深处的咖啡馆小酌时光；夜晚，去灯红酒绿中，《One Night In Beijing》。

北京，古典或前卫，难以抗拒你容颜！

乐"游"
Tour

F ashion·时尚——新艺术 区里的前卫范儿

　　若想透过一座城市的物质面貌，深入感受它的灵魂气息，文化、艺术和时尚的汇聚地总是最佳场所。目前，有类似北京798的文化艺术类机构近300家，它们已成为中国当代艺术的重要集散地。此外，随着798人流如织、草场地爆火、酒厂名声在外，如今更有尚8、方家胡同46号、751等一大批艺术区在以空洞的旧厂房为创意载体的改造中焕发出耀眼的光彩，成为当今北京最前卫的文艺新地标。

方家胡同46号 老胡同里的跨界乐园

　　方家胡同46号，是深巷中的一个幽静院落，适合在步行当中豁然注视。不仅仅是因为这个院子里不允许停车，更是因为"在一个胡同内，你溜达着看一看市井生活，溜达到这里看一场演出，然后再到咖啡厅坐一坐，这些都是跟开车无关的，它不需要速度。你来到的是一个以文化为核心的地带，而文化恰恰不是速成的，它是活的"。这里所聚集的主人都是将艺术视为生活、将生活视为艺术的人。小小的院子里就集中了剧场、舞蹈团、酒店、设计工作室、咖啡厅、主题餐厅、玩具店铺等各种业态。据说在院子招商的时候，就刻意回避了相同的业态，目的就在于创办者希望使不同业态的主人在这里找到共同的精神愿景，以利于他们之间形成真正"跨界"的互动交流。

Enjoyment · 闲趣——文艺小清新们的"主场"

透着京味儿透着文化底蕴的小剧场、小茶馆都是文艺小清新特上瘾的找乐子的地方。再加上，还有相映成趣的精致菜肴、本地小吃、特色茶水伺候，以及一场演出结束后能够在一些剧场咖啡馆里参与的演后谈，与创作者零距离地自由交流，文艺范儿就是这样在活色生香中诞生的。

看的就是小剧场

*繁星——胡同里藏着的百老汇

"古色古香的红色大门，深深的庭院，坐落于现代建筑的繁华之间，像一颗微微凸起又极具个性的朱砂痣；静静地待在现实之外另一维度的世界里。"这就是繁星戏剧村。坐落在宣武门地区的繁星戏剧村填补了北京西部小剧场的空白。繁星戏剧村占地面积近6000平方米，其原

址为清朝某贝子府。中西合璧的风格很特别，门口雕梁画栋，里面却是LOFT风格。环境很多元化，很多模型、造型引得看剧的人不断地合影，有点"古今穿越"的范儿。戏剧村现有5个专业演出小剧场、一个专业美术馆，还有书吧、餐厅、咖啡吧等配套设施。按村长樊星的话说就是力图打造一个胡同里的"百老汇"。这5个结构、风格各异的小剧场，既有可容纳100人左右的扇形小剧场，也有可容纳200多人的镜框式剧场，共有近千个观众席，是目前国内剧场数目最多的戏剧集群。到繁星来感受戏剧氛围中更透彻的交流吧，颇有几分让人分不清这里究竟是现实还是梦境。

地址：宣武门内大街抄手胡同64号

乘车路线：乘地铁2号线宣武门站A2出口、4号线宣武门站E出口即到

听相声学斗嘴

＊德云社——听"噫"段相声乐开了花儿

大碗茶就着花生米，台上抖的包袱引得满堂喝彩，这才是正宗的京腔京韵。放眼四九城，想看这些传统的老节目你也得找对地儿，到德云社准没跑儿。来这里几乎人人都冲着一个名字——郭德纲。坐在方桌旁边喝着茶，听着相声段子，跟大伙一起"噫"一声，已经成了许多人茶余饭后的一大乐趣。也许在网络上看过不少相声视频，但如果不在现场叫好，总觉得少了什么。虽然随着郭德纲的火遍大江南北，在德云社能看到他的表演已不那么容易，但郭德纲的弟子轮番上阵，台下的观众依然络绎不绝。来到这里的人自不用说，就是来开怀大笑的，"主角"不在包袱在，许多传统相声加入新段子往往更有看头。在其他娱乐场所玩多了会发现，其实要想真正开怀一次，还真得来这德云社。

地址：朝阳区工体东路4号2楼（三里屯雅秀对面）

乘车路线：地铁10号线团结湖站下，步行约10分钟至三里屯雅秀服装市场，对面即是

乐"吃"
Eat

京兆尹，宁静祥和的艺术品

京兆尹的名字起源于中国古代官名，相当于今日首都的市长。而京兆尹品牌则是由北京开到台湾，发扬光大后，这次终于从台湾开回北京。而说起这家四合院餐厅的设计，就不得不提餐厅的经营理念和设计师。据老板说，这家素菜餐厅的理念是"乐和"，"乐"是乐活的生活状态，"和"是天地人和的精神追求，也希望食客们通过这里的食物感受平和的心态。

地址：东城区五道营胡同2号

不可不尝的当地特色

＊海碗居&炸酱面

老北京的炸酱面有百吃不厌的美誉。虽说它是百姓吃食，但眼见着好多有钱人开着好车去吃面，美女帅哥儿也在其列。一是奔着气氛，主要还是因为吃得舒服，点上几种有滋味的小菜，诸如烂蚕豆、炸灌肠、芥末堆儿、豆儿酱、肘花儿、酱肉、粉鱼儿……弄两个时令炒菜，最后来一碗炸酱面。炸酱面讲究吃锅挑儿，热热儿的，汁汤显得腻乎，配上小碗肉丁干炸酱、肥肉丁儿，瘦肉丁儿，上面倒炝葱花儿，再配上八色面码，来头紫皮新蒜，香啊！由此，炸酱面的生意也越做越火。

地址：增光路总店海淀区增光路１１号（现有6家连锁店）

乐"购"
Purchase

在潮人集结地，购！购！购!

越是安逸的胡同，就越有按捺不住的情怀。洗尽铅华，迎来送往，五湖四海的客人会把最美的生活憧憬留在这里。街上那些云集的行人、有趣的小店，或是美丽的景致，往往让人深陷情迷，流连不去……

五道营

当越来越多的人把南锣鼓巷当成旅游景点或拍照胜地时，老北京胡同那种安静闲适的感觉也越来越远了。"在路上"搬走了，胡同儿酒吧搬走了……转战去五道营胡同回忆南锣鼓巷最初的时光吧。这里也有咖啡馆、西餐厅、手工艺品店……难得的是，这里还有安静的时光，不作秀不焦躁，没有车水马龙和人潮汹涌，也不用为了到某间酒吧小坐，而要等

好久好久……

人文书店做书虫

说到北京的文艺气质，就不能不提那些深具独特魅力的特色书店。在北京，除了每周都热热闹闹举办沙龙活动的人文书店，如雨枫书馆、库布里克书店、时尚廊，也有庄严郑重、不苟言笑的老字号，如三联书店、涵芬楼、三味书屋……总有些你只想在其中安安静静淘书看书的所在等着你。

库布里克书店私人定制电影院

既然名字借用了电影大师斯坦尼·库布里克（Stanley Kubrick），这家书店也就必然要将电影的魅力体现到极致。2001年在香港百老汇电影中心边开业的第一家库布里克书店为满足一旁电影院观众的需要，提供相应的文化食品，如书籍、影碟、唱片等。如今，北京分店依然延续着这种"特长"，对于影迷而言，这里是再完美不过的书店，从电影杂志到电影海报，从导演传记到电影明信片，走出影院，人们可以在文字中再次体会胶片之美。

地址：东城区东直门香河路1号当代MOMA北区T2座一层

上海
——妖娆妩媚 魔力之都

　　以陆家嘴为代表的那些成片成群的摩登高楼，编织出了亮丽绚烂的上海的"面子"。可只有当你走入那一条条从来就不横平竖直、时不时会迷失方向的小马路，去老洋房里喝杯咖啡，到石库门内尝一下本帮菜，在弄堂口小店铺淘件个性潮装的时候，才会真正感知这座城以及城中人生活的"里子"——对精致细节孜孜不倦的追逐。

·入榜理由·

上海，因其海纳百川、华洋混杂的历史语境，萌生出一些关于生活特有的词汇，一些零落在城市间的细微之美，那些这座城市中散布着的浓浓的文艺气息。

乐游TIPS
Tour Tips

 交通

　　飞机：北京——上海，1小时30分钟左右

　　高铁：北京——上海，5小时左右

◎ 住宿

　　背包系：明堂青旅（黄埔区永寿路35号）

　　奢华系：朗廷扬子酒店（上海市黄浦区汉口路）、费尔蒙和平饭店（上海市南京东路20号）

乐游随笔
Tour Essay

流光上海　倾城思慕

　　一到黄昏，日夜交替的时分，上海，这座城市也似乎特别容易在这样的时段，弥漫起一股让人感觉迷离的怀旧气息，令人禁不住地沉入对这座城市旧时光的怀念和迷恋之中。上海石库门老弄堂里，上海腔的童谣声似乎还会时时响起："落雨喽，打烊喽，小八腊子开会喽……"当年百乐门舞厅、酒吧，或者是小姐闺房里，婉转轻柔的上海小调仿佛也会随时一声声地飘出来："夜上海，夜上海，这是个不夜城……"

　　这今昔交织、新旧融合的时光交错里，上海仿佛是一座没有过去式的城市，旧日的风光还在时时照耀着现在的生活，就像上海市中心地段的汾阳路、岳阳路和桃江路交汇的那个街心，周围的酒吧、餐厅、咖啡馆此起彼伏，但是因为街心的那一座由当年旅居上海的俄国侨民为纪念普希金逝世100周年而集资建造的普希金铜像，所以纵然再繁华，这里始终保有着一股浓浓的艺术情调。而人们提到这里时也一样不会忘记这里曾是宋美龄的故居，或者是其他谁都知晓的谁谁谁也曾来过，虽

上海的老街毗邻，在外来客眼里，大多数路都分不太清，安福路就成为一条老名宅的聚集地，有历史但还不够独特。事实并非如此，只需要置身安福路片刻，或闲逛，或找家路边的咖啡馆坐上一会儿，便能邂逅安福路最美丽的瞬间：那满街的梧桐，将街道的上空遮蔽，路边三两小店，静谧而风情万种。路的尽头，是上海话剧中心，以小剧场戏剧为特色轮番上演；沿路则是各种进口超市，提供着千奇百怪的舶来品；还有路边的面包店、咖啡馆、红酒屋……让人总能在此处寻找到一个心灵休憩之所。

然语气轻描淡写，却又分明在提醒对方，这是个有来历的地方。上海是一个喜欢讲来历的地方，因为这个城市实在沉淀了太多让人难以忘却的过往……

乐"游"
Tour

Nostalgia · 怀旧——老街巷间的情思

没有哪个城市比上海拥有更多风格各异的街道，从鼎鼎大名的南京路，到法国梧桐遮天蔽日的衡山路，街道成为了上海最好的风景线。

若没有田子坊，或许就没有如今兼具传统与时尚特色的泰康路，也无法成就最能体现老上海风情的时尚生活。到泰康路的田子坊小店去淘宝，各种创意小物件总是最能够燃起人们的购物热情。其中，一些个性创意总是大过时尚流行，很多倡导环保生活概念的服装或家居小店也都十分惹眼。除了时尚小店之外，泰康路上的各种充满异国风情的餐厅和小酒吧，也是点缀在田子坊间的零星微光，宛如一颗颗圆润闪亮的珍珠，让泰康路摇曳生姿。

法式浪漫并不遥远——永嘉路

永嘉路是法租界一带最别具风情的小路之一。它古朴而宁静，但骨子里却透着一股欧洲贵妇般的优雅气质。在这条路上，孔祥熙的老宅早已被改造成了如今的上海电影译制厂，西爱咸斯花园的异国风情完美如初。就算是时代喧嚣繁华如当下，这条路的氛围也从未改变。

其他浪漫溯源地：散发着老上海神秘情调的小街——绍兴路；小资、情调Jazz酒

吧——棉花俱乐部；Jz、Jazz&BLUES等，让爵士几乎成为了上海的标志性音乐——百乐门。

Art·文艺——海派小清新的行走

上海从不缺少文艺，只要用心寻找，勇于融入，就能感受到这座城市中散布的浓浓文艺气息。

观一场话剧

上海的话剧与北京或其他城市不同，在小剧场运动中，北京献出了孟京辉等学院中走出的导演，而在上海则上演着贴近生活，具有社会意义的作品。以至于到了今天，上海的白领剧、时尚剧一直如旗帜一般，成为这座城市的关键词之一。

上海话剧艺术中心几乎时刻都有剧目在上演；下河迷仓更像是独立戏剧的一座朝圣地，让每一个热爱独立戏剧、热爱

小剧场的观众欣然前往，寻求自己的戏剧梦；可·当代艺术中心，以49这个寻常的数字，与戏剧结下了奇缘，让"49空间"成为可·当代开辟出的戏剧分野。

听一场戏

解放前，上海就是各戏曲的必争之地，即使如梅兰芳、程砚秋这样的名伶，也几乎每年都去上海表演。而

如今上海的地方剧种又特别发达，如上海昆剧团、上海越剧团等，都是全国数一数二的剧团，拥有戏剧界顶尖的演员。当然，戏剧并不过时，特别是在上海，如上海昆曲团，几乎每月都有演出。在上海，看戏似乎更像是生活的一部分，如吃饭、看电影一般。

乐 "吃"
Eat

L izarran Taska ——正宗的西班牙菜

上海的西餐理所应当比国内大多数城市要好，不单是开埠早有上海德大、红房子等老牌西餐，更因改革开放后各国人士的栖居，并沾染了上海的气质，开出许多别具风格的餐厅。其他城市如北京，固然也不缺少西餐，但大多数都是星级酒店的餐厅。上海则不同，走在街上不期然就能见到一家外国人开的西餐厅，又各具气质，令人难忘。Lizarran Taska就是上海西餐厅中一家西班牙餐厅，正宗马德里的美味令人折服，西班牙冷汤、鸡肉色拉、炸奶油球等，以及西班牙的红酒，足够给你一个难忘的夜晚。

地址：静安区巨鹿路901号(近常熟路)

不可不尝的当地特色

＊大壶春＆生煎

上海人民对生煎馒头的感情有点奇特，甚至是"可以没有小笼，也不能少了生煎"。常有国外回来的上海人下了飞机直奔生煎馒头店过把瘾的事，可见其在上海人心中的地位。近年小杨生煎很火，不过很多上海人还是更喜欢去"大壶春"。从口感上说，小杨生煎充满汤汁，偏油腻，而"大壶春"生煎厚底且肉质紧凑。不过更主要的是因为"大壶春"是我们小时候的味道。等待生煎出锅时的场景如今还在，谁还会作他选？

地址：云南南路71号

乐"购"
Purchase

青浦赵巷——国际品牌云集之地

到上海不购物似乎说不过去，青浦百联奥特莱斯位于远离市中心的青浦赵巷，大小国际品牌云集，还有不错的折扣，已成为上海人消费的一个好去处。如果时间来得及，还可以选择下午的时间到达离此不远的新场——拍过《色·戒》的江南古镇，是因为想避开汹涌的人流，还能安静地感受古镇的黄昏，品尝美味佳肴。

地址：青浦区沪青平公路2888号

渡口书店——独立书店启蒙者

书店是一座城市的气质体现，如先锋书店之于南京，博尔赫斯之于广州，库布里克之于香港，诚品之于台湾，那渡口或许就是上海独立书店中最具有代表性的一家。在上海巨鹿路，老式英国洋房加上成排的法国梧桐；临街，小院，一家名叫"渡口"的书店，具备这座城市精致小店们理所应当具备的所有元素，悄然静待气息相同的人到来。或因有了渡口书店，才有了日后许多其他的独立书店，风格各异却都具备上海的典型特色，小而精致，体现店主的品位。

地址：静安区巨鹿路828号(富民路常熟路之间)

汉源书店

是尔冬强的书吧，浓浓欧式风格，非常怀旧。据说哥哥张国荣生前常爱来这里坐坐，巴洛克风格的雕花木柜、法国古典雕花木圈椅、笨重的留声机、古朴的手摇电话、8mm电影放映机、玲珑剔透的西洋古董玻璃柜……一切还是十多年前的模样多好！大沙发和靠窗座适合晒着太阳闲聊，房屋右侧的水池清澈见底，鱼儿们悠游其间，看着它们，哪里还有什么烦恼呢？

地址：卢湾区绍兴路27号

1984bookstore

它号称上海最漂亮的书店，虽然它低调地隐匿在居民区里，但因为与文艺青年们从小熟悉的上海图书馆距离十分近，所以人气很高。

地址：徐汇区湖南路11号(永福路口)

厦门

——安闲浪漫 慢调之区

　　厦门的精致与慢调无与伦比，不大的城市，却拥有四周环绕的大海，生活在其中极其惬意。行走其中，也许只是一个小酒吧、一个咖啡馆、一个别墅般的家庭客栈，都能让人一眼便爱上。

· 入榜理由 ·

厦门并不像一般意义上的旅游城市，比起"观光"，"生活"这个词汇显然更适合。它永远那么安静、干净，从不急功近利，温和又从容地接纳每一个来到这里的人。

厦门，只有来到这儿的人才知道什么是好生活——悠闲、手工、小吃，或者是用一种小资的情怀来邂逅一只猫……而这些，都将是你不能忘怀的记忆，美妙的回味会无比绵长。

乐游TIPS
Tour Tips

◎ 交通

飞机：北京——厦门，2小时30分钟至3小时

铁路：北京——厦门，33个小时左右（不建议）

◎ 住宿

背包系：娜娜度假小旅馆（鼓浪屿上最知名的小旅馆，直接对接无敌海景，厦门市思明区龙头路8号）

奢华系：厦门威斯汀酒店（位于第40~42层的尊享行政酒廊可将整个城市景致尽收眼底，厦门市思明区仙岳路398号）

乐游随笔
Tour Essay

山的那边 海的这边

今时今日，厦门已经是个被过度消费的地方，曾几何时，它的宁静恬淡、舒爽洋气，都被如今鼓浪屿上一阵阵喧嚣盖过，难寻芳踪。早在清道光十九年（公元1839年），《厦门志》在开篇序文中曾写道"厦门处泉、漳之交，扼台湾之要，为东南门户"，这就是对厦门地理位置的描述，也是当年英国人执意要打开的中国东南沿海的"门户"。可见一早是风调雨顺、鱼米充足的宝地。由于身处闽南沿海，这里的风俗吸收了当地的传统，也沾染了点儿欧陆或东洋味道，更在台湾的文学和电影影响下自成一派——只需这一点儿派头，已经够文艺青年们奔走相告，齐齐朝拜了。不同于上海的骄奢或北京的傲气，厦门简直一派无欲无求。无论风雨，厦门大学的课照上，路边的海鲜大排档照开，一碗鱼丸，一串甜不辣，几十年前的老味道就像雨水冲刷过的殖民地建筑一样，永远不变。而今，我们靠影像和味觉去寻觅当年的盛况，若干年后，是否会有人来这里重寻我们的足迹？

在海的那一方看起来，厦门人就永

远不属于海洋，也像是拉锯在新世界文明与南方安逸的古典之间。街坊里满目的洋楼与故人的奇思幻想，却又说明了厦门人不愿意常驻在陆地上的心情……

乐"游"
Tour

Nostalgia·怀旧——老巷子，你好

尽管为现代化城市，但那些被掩盖着未开发的古旧老街、低矮平房，还有那雕龙画凤的漂亮木制门窗及欧式浮雕骑楼，无不述说着这座美丽的小城那深远的魅力和中西合璧的人文风貌。

暗迷巷 有味道的老巷

虽然这里的房子破旧，但那股子老味道还在。厦门的老街名字都很有意思，这些林林总总、年代久远、具有深远意义的古街巷名有时候让很多厦门人都摸不着头脑。看那"暗迷巷"，别想歪了，这"暗迷"二字应该用闽南语发音来读，是"粥"的意思。据说这条巷子以前是临海的高坡，一边是靠船上下客的路头，一边是缓坡，有土地公庙，香火旺盛，经常有香客往来，有人的地方就有生意，于是这里开始慢慢形成粥摊一条街，长此以往便叫成了暗迷巷。

担水巷 淡水文化集结

担水巷的担水二字就是闽南语的"挑水"，厦门本是座被大海围绕的小岛，淡水资源稀缺，尽管20世纪30年代有人挖了些水井，但还总是不够使用，于是就有一些居民利用舢板从大陆运淡水来售卖，于是就形成了一个行业，而这条靠近水船停靠码头的小巷便被叫成了担水巷。

Fashion·时尚——鼓浪屿，细品惬意生活

说到厦门当然不能不提鼓浪屿。古人用诗句"未曾抛得杭州去，一半勾留是此湖"来吟诵西湖，而鼓浪屿之于厦门，

在人们心中也是这个地位。从市区码头搭轮渡上岛，5分钟就置身这个与世隔绝的

小岛。处处花草香气袭人，欧式老别墅（又称万国建筑博览）青砖红瓦安静地矗立，几百岁的大榕树们根须繁盛。一定要在岛上住几晚，这样当傍晚时分大批游客如潮水般退回市区之后，你才能独享它的美，才真的能听到家家户户传出的钢琴曲。

Romantic · 浪漫——环岛路，散步骑车玩帆船吹海风

环岛路被誉为世界最美的马拉松赛道，环岛路的建设一直奉行"临海见海，把最美的沙滩留给百姓"的宗旨，有的依山傍海，有的凌海架桥，有的穿石钻洞，充分体现了亚热带风光特色。从厦大、白城到会展中心，是环岛路的精华路段，一路上蓝天白云大海沙滩，海上有人玩帆船，有什么烦恼也被风吹散了。想走得更远些，可水路兼程去尚未大规模开发的小嶝岛，合适的时间还能体验赶小海的感觉。

乐"吃"
Eat

*雅舍——美妙怀旧

坐入咖啡店，就会忆起上学时的美好时光。珠帘、中国纱、蓝印布、老式书柜、古典台灯、沙发、抱枕、旅行照片、杂志和唱片……一杯"摇铃"而至的珍珠奶茶，让人有无限享受的美妙感受。

地址：思明区南华路29号

*赵小姐的店——功夫在茶

在厦门有很多家，内设茶座数个，疲惫的游客可以在休息之余品尝闽南功夫茶，赵小姐的店对福建茶有着较传统的理解。

地址：厦门市思明区龙头路298号

*张三疯欧式奶茶铺子——生活不累

让旅行在厦门的人们，能够享受到在中国改良后的异国口味奶茶。张

三疯这只猫，这只生活在鼓浪屿娜娜旅馆的猫，用肥肚子和睡姿告诉人们，生活本来就可以不用那么累的。

地址：龙头路一店——厦门市思明区龙头路266号（近街心花园）

龙头路二店——厦门市思明区龙头路8号1楼

不可不尝的当地特色

＊黄则和花生汤

据说花生汤加入些许食用碱，要经过长时间熬制，还要加入大量糖才能让花生浮起来，花生要颗颗去膜只留白芯，入口就是甜，接着要闭着嘴轻抿花生颗粒，当舌头触碰上腭，轻压之，花生颗粒即可化为绵泥。喝花生汤太甜腻，来上一根油条搭配就正好中和，简直绝配。

地址：厦门市思明区中山路22-24号(中山路总店)

＊乌糖沙茶面

这个由东南亚沙嗲演变而来，加入了南方小海鲜和花生酱元素的小吃征服了所有游客的胃。在厦门大街小巷都有很多，做得好的数来也有那么几家，家家都有自己的独家秘方汤头，有些浓郁得化不开，有些香辣爽口，有些温存可人。

地址：厦门市思明区民族路60号

乐"购"
Purchase

* 19八3——创意无限

集结全国数百名知名创意设计师的资源，同时引进国际知名创意产品品牌，

为19八3注入独具特色的品牌内涵。19八3只做创意的风向标，每周至少一个新品到店，形成19八3独特的运作模式，让创意永不落幕。

地址：思明区龙头路53号

* 陈罐西式茶货铺——茶茶生活

这样一个名字的创意，在微博上曾引发了模仿风潮，专营福建传统茶叶及推广英式饮茶文化。

地址：思明区鼓浪屿龙头路282号

* 建成百货——时光在倒流

厦门仅存的一家老字号百货，还有手绢卖，东西都不贵，进到里面又有时光倒流的错觉。

地址：大同路72-82号

杭州

——轻盈扑面 乐达之所

在杭州的俚语中，"达"字被广泛应用，意为清洗。这其实也是杭州城的一种气质——每天空气都那么清新。街巷间，总是给人感觉透彻、清新。整座城市被规划得那么有小资气息。西湖的美、茶楼的热闹、出租车司机的幽默、满街漂亮的租赁自行车……这些属于这座悠闲小城的关键词，早已经成为这座城市的代名词，深入人心。

·入榜理由·

杭州，是一座需要用心去体会的城市，到了这里的人，都可以变成有深度的思考者。即使，你在别座城市习惯于每天驾车的生活，在这里，你会心甘情愿地甩掉所有的交通工具，步行于每一条街道，去发现那些兼具时尚与文化的别样街区，并惊喜于一种截然不同的清新体验。

乐游TIPS
Tour Tips

◎ 交通

　　飞机：北京——杭州，1小时50分钟

　　高铁：北京——杭州，6小时30分钟左右

◎ 住宿

　　背包系：柳湖小筑青年旅社（杭州市南山路绿杨路5号）、漫居58（杭州虎跑路四眼井58号）

　　奢华系：法云安缦（位于杭州灵隐景区飞来峰山谷之中法云古村中）

乐游随笔
Tour Essay

隐于湖光山色中的时代感

　　白居易说："忆江南，最忆是杭州"，当时间流逝1000多年后，来过杭州的人依然这样认为。这是一座文艺、悠闲、清澈、青春的城市。每一寸土地仿佛都在告诉你，怎样的生活才最贴近人心。它实属都市，却没有那份嘈杂；它存于现代，却没有现代呆板格式化。杭州的包容就在于，将时代感与内心的幽静结合得如此完美，让人离开时忍不住"五里一徘徊"！

　　杭州有西湖。明代诗人钟禧用"湖边为问山多少？每个峰头住一年"来表达自己对西湖的钟爱。当你在西湖湖边环绕漫步时，湖面的平静和周围设计独特的小店，让任何气场强大的人都情不自禁柔软下来，驻足于湖边，让这片湖光山色环抱。

杭州不仅有西湖。特色的青年旅社、大隐隐于市的司徒雷登故居、胡雪岩故居，还有那些具有明显杭州标签的热闹茶楼以及杭州人的那份内心的宁静和淡定，都将这座城市勾勒得与众不同。

杭州不是购物天堂，但也大牌林立；杭州没有浓郁乡土气息，但也让人忍不住慢下来，享受生活最真实的一面。身处杭州，每个人完全可以在"重重现实压力和美好的人间美味之间，找到绝妙的平衡点"！

如果你喜欢杭州，你可以做个游客饱览名胜。如果你深爱杭州，那你必须放下背包客的行囊，心甘情愿地做一个杭州人，串一串隐藏在西湖美景后的吴越都市。现代杭州，外表光鲜靓丽，但你能否不同于常人，在现代化的眉眼里读懂她的心，还要看缘分。

乐"游"
Tour

Fashion·时尚——丝联166静静诉说旧日的辉煌

没到过这里的人，似乎对这个名字有些摸不着头脑。这里的前身，是杭州丝绸印染联合厂，在20世纪50年代由苏联专家设计，建起这座浙江第一家的锯齿形厂房，至今还有许多旧机器保存在这里，静静地诉说着旧日的辉煌。时至今日，这些厂房逐渐被荒废，自然吸引了不少"文艺分子"的目光，稍具规模后"丝联166"就顺理成章地走上了它的文艺之路。

它的房顶设计很有特色——锯齿状。一面竖立的窗户，一面斜45°的墙体，这样的屋顶设计，玻璃一面自然是为了采光，而没有采用房顶直接开窗的原因是丝绸的制作过程要避免阳光直射——站在3层的高度，俯瞰它们，别有一番风味！

地址：拱墅区丽水路166号

R omantic·浪漫——钱塘
新城 杭州的城市阳台

烟花三月，风中弥漫着萌动的气息。雨露洗练后的杭州，并没有大晴。艳阳躲在散云的影壁后，折射出的光，暧昧得恰到好处。此时，西湖的水光潋滟难免会招惹车水马龙，杭州人会躲开喧嚣，来这里，面朝江水，听涛声依旧。

若说西湖是杭州后花园，那么"城市阳台"该是杭州的现代门面。"城市阳台"对外免费开放，你可以选择单车在独立的绿色沥青路骑行，也可坐观光车在江边掠过。当然，闲庭信步是最好的观光方式。临江阔步，走在这座三百多米的"阳台"上，心境格外开阔。它延展于解放路东边，以钱塘江堤岸为底线，外挑江面几十米处，与江河交相呼应。来自彼岸暖风，湿润而温柔，不由得被风扯住衣角，眺望江水。江面依然有薄雾，烟波浩渺，船只若隐若现。船上的汽笛迎合着浪涛，打出一段节奏，涤荡进心里。走累了，随性仰坐于长椅上，就在旁边的"漂流书亭"读本喜欢的书。杭州人喜欢来钱塘江边，在书亭里挑本书，坐一上午，迎着钱塘江的风，在文字里尽情漫溯。暖灰色的书亭与这里的游人有个约定：你可以拿走你喜欢的一本书，同时也要把自己的一本藏书留在这里，留给游人。不变的，不光是书册的数目，还有那树、那水、那人，

那颗听着潮水等待时光的心。

地址:江干区钱江新城解放路东

乐"吃"
Eat

灵隐"三食杰"——禅意盎然

三家小有名气的餐馆、茶馆坐落于法云安缦酒店法云径两侧，不少杭州本地人和上海客人经常会光临这里。来灵隐寺烧香的游客，即便不入住酒店，也可以到这里享用一餐！

＊兰轩

杭州以其芳香的当地美食闻名，在兰轩您可享用到著名的传统菜肴，如叫花鸡、猫耳朵、西湖龙井虾仁和莼菜汤等。

✳ 和茶馆

沿法云径信步，不远处便是和茶馆，这里提供传统茶艺和每天不同的家常茶菜，还有当地上等精选好茶和全国名茶供您品饮和购买。

✳ 灵隐斋菜馆

位于法云径北端，毗邻灵隐寺。这里提供充满禅意的创意菜品。

iCaf咖啡店——醇香弥洒

"iCaf"与购物中心不同，这是与世隔绝的私享地，现代感的装潢中颇见文艺情调。木质家具的清新中留白出简约。蜂窝状木质窗棂，恰好与外界形成距离感，望见穿流行人之余，保留了一份私密和安逸。店家这样解释店名："i"=我，"Caf"=咖啡，我就是咖啡。人应该如咖啡，经过烘焙研磨沸腾，有条不紊地把生活的醇香弥散在空气里。过去，人们喜欢在西湖边泡茶楼，那是杭州人的古典生活模式。现在，我们很难拿出一大段时间给西湖。所以我希望在新杭州的商厦里，同样有一个另类"茶楼"可以继续杭州人的悠然。生活情怀是一座城市的心率。虽然"茶楼"样貌改变了，现代了，但这样一个地方，也许可以用现代的方法提醒杭州人别忘了心中的节奏。

咖啡馆对面有一家Drivepro设计品店，与咖啡馆同属于一家品牌，气质与咖啡馆相符，是一家高品位现代生活馆。主要销售来自欧美、日韩新潮时尚的家居设计品和数码科技品。在牢牢把握文艺气质的同时，拥有一件潮物，生活会更加丰富多彩。

地址：江干区富春路701号万象城4楼457号(庆春东路口)

Club Circle酒吧——淋漓舒畅

西湖文化广场成为潮人的聚点，这

该归功于Club Circle酒吧。当地人把Club Circle叫做"圈子"。城市铅华褪尽，杭州人的活力与疲惫、开心与悲情，会在"圈子"的霓虹下轮番上演。圈子酒吧的独树一帜在于经营理念："Circle，看似抽象，其实很好理解。一个又一个的Circle重叠在一起形成了管道，管道之间相互地交错，寓意着人与人之间不同的沟通方式。""圈子"是希望通过这个地方，让朋友们拥有更多的交集。不论你是爱玩音乐，还是酷爱艺术，都能找到自己的"豆瓣小组"。圈子只有更多更大，许多个圈子组合起来，杭州的生活才会像管道一样淋漓舒畅。为了更好地表达"圈子"文化，老板亲自定制了很多铁管，不但作为酒吧的装饰，而且也用来当做吧台和吧椅，让朋友们可以脚踏实地地感受"圈子精神"。客人们成群组对，建成自己的小圈子，坐在水管上聊天喝酒听曲，随着节奏敲打出金属的铿锵，这才是真正的酒吧生活，这才是都市生活的原生态。

店里的音乐都是老板朋友特别为"圈子"谱写定制的，但都没有名字。也许这样才符合"圈子"的气质，"英雄不问出处"，既然来了，只要你能进入管道，融进圈子，这就是你的本事，这就是你的杭州！

地址：杭州市下城区西湖文化广场C区8号301

不可不尝的当地特色

✱ 知味观&定胜糕

南宋名将韩世忠正在松江一带驻防，苏州百姓送来几箩别致糕点，里面用

纸条写着金军的阵势。后来韩家军大获全胜，将军就把这糕命名为"定胜糕"。它带有甜味，色呈淡红，松软清香，入口甜糯。

地址：杭州直戒坛寺巷20号

✳ 解香楼&西湖雪媚娘

外皮糯米制，雪白可爱，是为"媚娘"。初口咬到一层薄皮，然后是软软的奶油，再吃下去就是芒果了，三层口感，回味无穷。

地址：西湖区八盘岭路1号紫萱度假村

品尚臣品——原始才美

从正门进去，相信你很快会被它吸引。外面是原木与玻璃的搭配，一艘精致的帆船模型定会吸引你走进去探个究竟。步入店中，略带斑驳的青石板地面和简单粉饰过的墙面，再加上一水的原木质柜子，似乎少了些装饰，却因为这种几乎素面的基底，平添了几分沉静以及经过岁月沉淀的独特魅力。

地址：拱墅区丽水路166号杭丝联A4

乐"购"
Purchase

意思艺术品机构——极富美感

杭州的中国美院充满艺术气息，各种展览都在这里举办。而在南山路上，有这样一家艺术品机构你得去逛一逛，从名字看来，就很吸引人——意思。这里拥有欧洲和中国顶级画家的优质作品，店面空间不大，却有着纵深的空间感，各色名画，加上从欧洲淘来的二手旧式家具，在这个富有艺术美感的空间中，拥有着一种安静的力量，同样也是店主对于历史的追忆，带给进店的每个人从未有过的美好，触及内心某时某刻的感动。

地址：杭州南山路103—13号

广州
——叹闲西关 悠然之地

　　曾几何时，西关大少潇潇洒洒的衣袂扬起处，掀开的是这个城市最赤裸裸的欲望。酒醉灯迷，活色生香，作为粤语文化在内地传播的先锋阵地，广州常常和深圳、香港连在一起，代表某个时期最时髦、最先进的生产力与生活方式。广州人和最实在的生活彼此眷恋珍视，不离不弃，想要融入进去，看似简单，实则需要颇费一番脑筋呢。

· 入榜理由 ·

我们没有办法用只言片语将广州的美好全情呈现。这个貌似对任何事物都"无所谓"的城市，总是容易被人误解。但是，只要稍微花点时间，便会被这里的生活气息所折服，这个城市总是不紧不慢地在等着你习惯它的慵懒自如，听起来住在寸土寸金的广州没什么文艺可言，其实不然，在城市的很多角落里，只要你肯留意就会发现，那里还保留着很多美好的片段，甚至是诗意的可能。

乐游TIPS
Tour Tips

◎ 交通

　　飞机：北京——广州，3小时左右

　　高铁：北京——广州，9小时左右

◎ 住宿

　　背包系：江畔国际青年旅舍（荔湾区芳村陆居路长堤街15号，在白鹅潭附近，晚上可沿江步行，更能体验夜广州的魅力）

　　奢华系：广州花都合景喜来登度假酒店（广州市花都区山前大道东段北侧天湖峰境园，拥有恬静湖景以及深邃山林的无尽风光）

乐游随笔
Tour Essay

质感生活各种叹

　　广州人平时喜欢使用"叹"这个字，无论是叹茶、叹温泉，还是叹生活、叹世界，都蕴藏着一份享受生活的悠然态度。而广州这座鲜活的城市也是值得一叹再叹、好好感受和品味的，比如城中的美食、艺术、时尚、创意和对老元素的追寻……

　　如何定义这座城？它是两届金像奖最佳编剧、香港导演张坚庭内心难以割舍的一个情结；是台湾音乐人陈彼得曾多年隐居于此，开个快餐店，卖卖奶茶的恬淡快乐生活之所在。在美食作家陈大咖眼中，这座城市充满了讨人喜欢的烟火气，能边逛边吃，过得灿烂无比；而在另一位祖籍广州的女作家黄爱东西看来，广州人有着"相请不如偶遇，择日不如撞日"、"大日子我管不着，先把小日子过好"的随意和实在。

　　低调、勤奋、顺其自然、享受生活，这是广州人的生活哲学；包容、平和、开放、活力，这是广州城的最大魅力。易中天曾经用"生猛鲜活"这个词来形容广州，也称得上恰如其分。没有一座

城市像广州一样如此活色生香，如此富有真刀实枪的生活质感，食得生猛，饮得讲究，蒲到尽兴。既有镂空窗前绕花絮的西关风情，又有现代感十足的珠江小蛮腰；既那样摩登热辣，又那样古朴讲究，风情款款。如果说其他城市是让人来了便不想走，那么这座城则是令每个人来到这里，都能寻找到最令自己感到舒心自然的生活方式。

正如《南方》这首歌的一句歌词："想起从前待在南方，许多那里的气息，许多那里的颜色，不知觉心已经轻轻飞起"——广州这个温暖潮湿的南方城市，让人记得、神往，并期待用文艺的眼光去重新发现。

乐"游"
Tour

Nostalgia·怀旧——沙湾古镇 再叹蚝壳墙

来广州古镇必要体验岭南文化。在广州番禺区的沙湾古镇是众多古镇中的佼佼者，镇上不止有保存完好的民居遗址，许多当地民俗活动依然在延续。100多座古祠堂和民居建筑让钟爱古建的人叹为观止。

和许多古镇一样，沙湾的古建也拥有精美的木雕、石雕、壁画。而与众不同的是，岭南建筑中特有的蚝壳墙在沙湾也保存完好。珠三角一带产蚝，当地人就地取材，用蚝壳混上黄泥、红糖和蒸熟的糯米堆砌在墙上，用来防火、防虫、隔音。如今你还能找到蚝壳墙的存留，那密密麻麻的蚝壳就是源自老百姓的智慧的象征。

只是如今沙湾也经历了不少的改建和翻新，一些古建换了新装，已不是旧时的模样。街面店铺倒是干净得让人舒服，民俗活动也定期举办，本该边走边读的历史古镇，现在少了那么点儿古香古色的味道，多了些现代化的印记。

地址：广州市番禺区沙湾镇大巷涌路沙湾文化站

F ashion·时尚——混色红砖厂 工业化人间烟火

在至今公共交通仍极其不便的红砖厂，无论是晴天或是雷暴，只要是周末或假日，你都会看到各种人声鼎沸的场面。如果要数数广州创意园的成功地产项目，这里应该算是一个典型。至少现在一说起城中这样的艺术范儿去处，大家头脑中的头三个画面，必有这里。

一排排格式划一的红砖厂房，一堆堆复杂交错的黑铁管道，20世纪机械工业大生产残留下来的各种旧机械、老厂房，充满了工业意味。这里是一帮集美组设计师将鹰金钱罐头厂旧厂区改造而来的怀旧文化休闲区，不过显然的，工业意味最终会被生活消解。

改造成艺术休闲区的旧厂区，充满

了各种拍拖的情侣、推着婴儿车散步的一家，以及随处可见的数码单反文艺青年，更不用说那些目光所到之处必会出现的外拍团伙，同一时间至少有六七伙在各自作业。这样熙熙攘攘的热闹场面呈现在艺术区内，让人们感叹——广州也能激发出让大众都能积极参与的文艺气质。

地址：广州市天河区员村四横路128号

R omantic·浪漫——荔枝湾 岭南小秦淮

荔枝湾，又叫荔枝湾涌，是广州前两年重新修葺后复原的景区。荔枝湾涌严格来说不是一条孤立的河流，而是原广州城西一带的江畔湿地中纵横交错的水系的

总称，因而古有"小秦淮"之称。明代这里被列为羊城八景之———"荔湾渔唱"。经过多年的修复，荔枝湾现在重现了"夏日，泊画船绿荫下，枝叶荫覆，渺不知人间有盦蒸气"。乘坐艇仔，穿梭于河道里，两岸古树嵯峨，浓荫掩映，感受一派岭南独特的自然风光和历史风情。有胃口的，还能品尝一下著名的艇仔粥。

地址：广州市荔湾区荔枝湾路(近泮溪酒家)

Art · 艺术——乐色星坊60 明星工厂的背后

相信所有人都会认为寻访星坊60的过程会是个值得一说的有趣故事，至少许多本地文艺青年将之图文并茂地写进了

Blog。当然现在已经不难找，就在星海音乐学院后面——也许这是此处显得更文艺以及帅哥美女高发的一个原因。

灰色调，空旷的厂房，钢筋水泥砖块，一切都停留在最原始的厂房状态。人们在其中，各自割据空间进行手头创作，连工作方式都显得相当后现代。被漆成白色的砖墙上，有的地方甚至留着巨大的粗暴的"拆"字，而一帮衣着入时的创意人士，就在这样的砖墙下对着硕大电脑屏幕工作；或者是一面大大的落地玻璃，完全是旧式铁窗，窗外却是一个阳光灿烂的小院子，有人在阳光下一边喝茶一边聊天。如果有路人经过，你会发现原来他们在"开会"。这里的工作室专业性质似乎更强一些，没有那么多的开放性。不过在晚

上，这里会变得吵闹沸腾，另类的北欧音乐或者实验戏剧会在这里上演，吸引着"臭味相投"或者来"好奇探秘"的人。而且有趣的是人们都要从重达300公斤的铜质牌坊标志下蹿入。

地址：广州市天河区先烈东横路60号

乐"吃"
Eat

表哥茶餐厅——港味十足

你在广州这座城市里，或多或少总能捕捉到香港的气息和痕迹，表哥茶餐厅便是一个具象的符号。这家店的老板很出名，是香港导演张坚庭，他是个地道广州人，本地人也亲昵地把他唤作"表哥"。冰镇奶茶和招牌混酱多士，都被赞为"下午茶一绝"。

地址：天河区天河路371号隆德大厦4楼

泮溪酒家——得闲饮茶

饮早茶应该是老广州人心目中最"岁月静好"的一件事吧。一盅两件是每天恬淡生活的开始，"饮佐茶未"更是彼此间一句熟悉的问候。人们对于"老字号"总有特别的感情，比如泮溪酒家。这家店也是盛名在外的园林建筑，莫伯治设计，绿榕掩映，流水潺潺，环境使人心旷神怡。早早地起来，约上三五街坊、家人，兴致盎然地点上叉烧酥、凤爪和马蹄糕，惬意便从箸间弥漫开来。

地址：荔湾区龙津西路151号(近荔枝湾)

不可不尝的当地特色

＊南信&牛奶甜品

来广州不喝双皮奶，真心会觉得错过了什么。人们不会想到，清朝末期一名顺德的农民无意调制出的饮品，竟然成了后人啧啧赞叹的曼妙甜品。双皮奶在广州很好找，只是配得上正宗二字的不多。

南信早在1943年就落户广州，堪称甜品老字号。广州人一提到正宗的双皮奶，就会提到南信双皮奶。等位是必需

的，而等待之后的香甜也是必需的。

地址：广州市荔湾区第十甫路47号

乐"购"
Purchase

*联合书店————品味高远

除了方所，联合也是有很多"文青"来去的书店，氛围、格局好，分类清楚，新书也多，人文艺术类的书选得品位很高，最顶层是新书推荐，记得第三层是音乐部分，还有钢琴、小提琴等实体乐器，值得推荐。

地址：广州市越秀区北京路314号

*Benshop————杂陈美感

藏在居民楼里的楼上铺Benshop＋，至少3种存在形态。它可以是一间香气四溢的现磨咖啡屋，环境还绝对够风格有情调。Benshop却和其他小店的人文作派不一样，它的选书标准并不是人文、社科，而是与"吃"有关。不过，年轻的女孩子们更愿把它定义为——一家充满可爱小东东的杂货铺，背包、相机、T恤、记事本，还有多不胜数的杯碟，在国外随手收回来的小玩意儿……涉及生活中的方方面面。所有的一切似乎有点杂，但店主阿ben相信，是因为"阿ben喜欢"所以你也会喜欢。

地址：建设六马路10号

MEET THE TOWN
MOST LITERARY STYLE

遇见最具文艺
风情的小镇

云水谣

——云遥水涛 云水难相交

电影《云水谣》里不带一丝杂质的纯美的画面即取自云水谣，福建漳州南靖县一个古老而普通的小镇。原名长教的它，是一个光影穿越时光、隔绝尘世喧嚣的美丽地方，身临其境时真的能感觉到时光静止的美好。如果你能唱，不妨在那土楼之上，哼一曲云水谣："举头望青云，云遥遥，低头观海潮，水涛涛。云遥遥，水涛涛，云水难相交……"

·入榜理由·

除了电影剧情让这个古镇落变得浪漫缠绵之外，据说镇子里的千年古榕都是分雌雄的，它们隔水相望却不能牵手，就像一对相爱却又不能在一起的情侣，错过了彼此，就错过了一生。

乐游TIPS
Tour Tips

◎ 交通

漳州有火车站，坐火车是一个不错的方式。从漳州到南靖非常方便，但是到了南靖之后还需要坐车到苏洋镇，必要的时候还要借助摩托车。自驾的话从厦门出发，走高速往漳州方向，一路都有南靖土楼的指路牌标示，到了南靖县城之后往苏阳镇方向，看路牌，到云水谣。

◎住宿

如果你想体会云水谣浪漫的美，就一定要在云水谣住下，清晨在水流声中醒来，傍晚在日暮的余晖中看夕阳。云水谣住宿处非常多，而且都不贵。推荐"女朋友的家"这家由两个大学生结合当地的爱情旅游文化推出的主题旅馆。虽然房间只6间，但装饰和房间名字都让人惊喜，一般200元左右；"云水古道写生基地"由三进式明清大院、二层青砖小院、乡村旧小学、烤烟筒子楼等传统建筑构成，石桥流水古榕翠竹，更有一片田园风光。

乐游随笔
Tour Essay

居住着5600余人的简姓、王氏家族的小镇，一条曲曲弯弯的鹅卵石古道曼延到大山深处，古时候这里是长汀府（龙岩市）通往漳州府（漳州市）的必经之路。那幽长的古道、百年老榕树、神奇的土

楼，还有那灵山碧水，无不给人们以宁静超然的感觉。

　　跟其他古镇不同的是，除了小桥流水之外，云水谣还拥有独特的气质。被誉为世界文化遗产的南靖土楼，就有好几座分布在云水谣里面，在古榕的辉映下，黄色的土楼分布在镇子的各个角落，和贵楼、怀远楼各具特色。这些从元朝中期就开始建造的土楼，目前保存完好的就有53座。还有村边溪旁数百年来伸开巨臂挺立在风雨中的许多古老榕树，年年月月默默地守望着这份宁静。

　　镇上的雌雄古榕相望象征着海峡两岸血浓于水不能割舍的亲情。云水谣也算是一个著名的华侨之乡了，几百年来，云水谣人移居海外谋生，如今祖籍在长教村

的台湾人多达20多万，两岸人们割不断的感情，随着时代的变迁越来越浓烈。

　　漫步在榕树下的鹅卵石古道上，穿梭在一座座土楼之中；抑或静静地坐在老榕树下的石头上，望水流潺潺远去，沐清风徐徐扑面；任凭思绪海阔天空，只想这样久久地发呆……

乐 "游"
Tour

　　云水谣，山川秀美、人文丰富，村中幽长的古栈道、罕见的百年老榕、神奇的众多土楼，以及那跳脱的空灵气质，无不吸引着众多朝圣者一探芳踪。

心水推荐

＊和贵楼——神奇壮观

建在方圆3000平方米的沼泽地上，以松木为介质，采用桩基筏基综合运用技术建造起来的，非常的神奇壮观！素有"世界第一奇楼"、"陆上的诺亚方舟"的美称。楼如其名，是劝世人弘扬以和为贵的中华民族传统美德的，在高速变化潮流中，它显得异常的祥和、安宁、沉稳。

＊怀远楼——工艺精湛

和贵楼往前不到两公里处就是怀远楼，是南靖土楼中建筑工艺最精美、保护最好的双环圆形土楼。其形制严谨，室内画梁雕柱，装饰精美。天井中间的"斯是室"既是祖堂也是私塾。书香味较浓的一座土楼，值得一看。

＊田螺坑土楼群——形制完整

是观赏南靖土楼的必到景点，坑内5个土楼，四圆一方，俗称"四菜一汤"。保存完整，虽然有轻度开发的迹象，但是当地民风淳朴，多数还保留着以往生活习俗，村民对陌生人显得有点腼腆。

＊裕昌楼——悠久古老

是南靖县现存最古老的土楼，元末明初(约1368年)为刘、罗、张、唐、范五姓族人共同建造，楼内天井中心建有单层圆形祖堂，祖堂前面天井用卵石铺成大圆圈，等分五格，代表"金、木、水、火、土"五行。这座土楼建成后不久，楼内回廊木柱便开始从左向右倾斜，最大倾斜度为15°，看起来摇摇欲坠，但经受几百年风雨侵蚀和无数次地震的考验，至今依然如故，有惊无险。

＊塔下村——柔媚异域

有水才有灵性，塔下村便是如此，不大的一个村子中间，一条小溪悠悠地流淌着。空幽的小山谷，建筑与水的完美结合。塔下村是一个客家人的村落，全村姓张，早年不少人"下南洋"，主要目的地是泰国和缅甸。事业有成后，回乡铺路搭桥，光耀门楣，因此不大的塔下村却有5座形态各异的桥。进村的3公里的柏油路，也是华侨捐建的。和粗犷的土楼相比，塔下的建筑则要显得柔媚得多。

云水谣两日游规划

第一天，到云水谣住下，体会古镇风情。

第二天，从云水谣出发前往土楼参观。土楼的景点比较分散，如果几个人包车的话相当划算，公车基本不到那里，如果不包车的话只有坐摩托车游览。南靖土楼包括：裕昌楼(俗称：东倒西歪楼)、田螺坑土楼群(俗称：四菜一汤)、和贵楼(建在沼泽地上的四层楼，在云水谣景区)、怀远楼(书香门第的土楼，在云水谣景区)、河坑土楼群(土楼是按北斗七星的形状来排列的)、土楼博物馆(里面收藏了很多土楼客家人的生活、劳动等用品)、塔下村(中国首批景观村落)、石桥村土楼群。

乐"吃"
Eat

吃一点特色

吃饭的地方在古镇内比较少,可以过了桥到河对岸的民居去吃,价格还算公道,可尝试一下土鸡、土鸭、梅菜扣肉、小溪鱼、竹笋、野菜、糯米酒、各种深山炖品等纯天然、无污染的客家风味美食。

心水推荐

＊笋干——可口甘甜

南靖是个产笋的地方,云水谣当地也产笋。如果是产笋的季节,一定要上这道菜。如果没赶上这个时间,可以炒笋干,也是不错的选择。当然笋分立笋和麻笋。立笋炖汤非常可口甘甜。麻笋比较适合炒。

＊虎尾仑炖鸭/鸡汤——功效卓绝

闽南人通常喜欢将虎尾仑和猪肚或者鸡一起炖汤,虎尾仑功效:清热,解毒,止血,消痈;治咳嗽、肺痈。再配上云水谣的土鸡,绝对不会让你失望。

乐"购"
Purchase

沿河有一条不大的商业街,是闲逛和购买手信的好去处。可选云水谣的茶及茶油、柿饼、酸梅、糯米酒、香菇、木耳、笋干等土特产带回去,洛神花干、南坑咖啡等更是不错的手信选择。

心水推荐

＊男朋友的店——创意集市

是那两个开"女朋友的家"的大学生开的、云水谣首个文化创意集市。除店家三宝——集福许愿带、悠悠河灯、云水谣风光刻名金牌外,创意产品——爱情上上签、云水谣主题限量版明信片、爱情签证等,更是让人爱不释手的明星货品。

＊南坑咖啡——大气香浓

南坑有个咖啡生态园,如果有时间可以去看看,据说喝着咖啡欣赏那里的美景别有一番滋味。而南坑咖啡也是不错的手信,速溶的那种包装大气好带,爱咖啡的朋友品尝过后,认为是国内咖啡里的翘楚,味道绝不输给马来西亚的白咖啡。

婺源
——半亩方塘一鉴开　天光云影共徘徊

　　婺源像一本画册，提供了偶然保存的原始淳朴的一面，也给人带来了无尽的思索和怀念。在这座偌大的乡村公园、深邃的古民居博物馆，我们不仅倾服于历史所刻画下的精妙绝伦，更叹服于人与自然的和谐、与山水的水乳交融。还记得汪口一家门上的红对联所写："牛耕绿野千仓满，虎啸青山万木春。"这才是人与自然相辅相存的理想境界。

·入榜理由·

一年四季的婺源都有不同的颜色，青山绿水、金黄遍野的油菜花、青砖白墙的徽式建筑，吸引不少写生的绘画爱好者，诗情画意，需要你慢慢品味。

乐游TIPS
Tour Tips

◎ 交通

火车前往、乘当地大小巴或租车到达各景点，在各景点徒步闲逛。

◎住宿

在婺源旅行选择乡下住宿可以更多地体验当地的淳朴民风。景区里有很多农家客栈，其中有网上著名的汪元亨老师的璐璐住宿楼、詹云生老师的客栈、吴东清老师的"驴友驿站"等。

乐游随笔
Tour Essay

从江西景德镇转汽车去婺源。长途车在仅能容纳两车悖行的小路上飞奔，身后留下一长串雨中的车辙……不知颠簸了多久，眼前骤然明亮起来。汽车穿过了雨带，随即而来的是满眼的绿色，水边的田，扎成小人状的用来喂牛的青草……溪河在雨中涨了、浑了，慢慢流淌。每过一道塘渠、塘堰，便形成一道小小的瀑布，光滑圆润，像梳理过的头发。塘堰上则波

平如镜，几只白鸭浮在上面。一切的清新秀色仿佛在瞬间闯入我的视野，心情也豁然开朗起来。

在婺源乡村，串起各家的小路是青青的石板。最好以赤脚亲吻它的平滑和坦荡，与水同行，走向耕作的农田，那一片绿油油的深处。落日时分，青青的石板映着金色的夕阳，隐约中竟好像是伸向了遥远的天际……

婺源人民很淳朴，甚至有些害羞。当我把镜头对准挑着扁担的老人，他羞涩地扭过了脸，避开了镜头，留下的是稍稍隆起的背部和夕阳下拉长的影子。傍晚，在溪边玩水的孩子笑意盈盈，天真快活。可爱的小狗从我身边悠然地走过，时间也仿佛放慢了步伐。

天完全黑下来的时候我们唱着山歌从青石板小路往预定的客栈走去。陪伴左右的是闪着绿光的萤火虫。深夜里，爬上客栈的天台，微风带着青草的香气，迎面袭来，感觉些许凉意，但人却是清爽的。深蓝而纯净的天空中满天的星星像是伸手可及，让人感觉生命也如同这时的天空，清亮明净，世俗喧嚣的一切已不再重要，我已经与自然合二为一，生命中透出原始的单纯……

乐 "游"
Tour

婺源最佳赏玩季是春季和秋季

初春的婺源被各种色彩包围着，青山绿水，处处倒影。红黄绿、黑白青、综褐加土灰，在蓝天白云下，组成了幅幅如画的田园风光。此情此景需要的是静静地、慢慢地去咀嚼、去回味、去享受这上苍赐予人类的色彩。

看点：晓起、江岭、李坑、庆源

秋天的婺源，乡村到处是温暖的颜色。高大的红枫下是金黄的柴垛；白墙黑瓦的房子顶上晒起火红的辣椒；大山的碧绿深潭里漂着零星的红黄叶片。随便拣个秋高气爽的日子，去看一眼这秋意盎然的乡村美景，体会一下心醉神迷的诱人感觉。

看点：思溪、延村、大郫山、彩虹桥

心水推荐

李坑——小桥流水人家

最美丽的小桥流水人家——李坑，是许多人的大爱！暮冬的婺源，风还有些寒意，但午后艳阳当空，暖暖地烤在身上，竟如同春天般的温暖。屋檐下老人们肩并肩，背靠墙，对着河塘，坐在这里特有的火炉凳上晒太阳；鸡狗不时昂首踱

过；河塘边一派繁忙景象，捣衣服、洗菜；每隔十米的一座座拱形小桥；不远处的人家炊烟袅袅——这就是婺源，一派质朴韵味的田园风光，她不仅美在青山秀水的淳朴天然，更美在人与自然的和谐相处。

三清山——犹如仙境

三清山在婺源的南部，一座历经千年的道教名山，因玉京、玉虚、玉华"三峰峻拔，如三清列坐其巅"而得名。作为中国2008年唯一申报的世界自然遗产项目，三清山已成功进入预选评估名录之列。位于三清山南部的南清园，是花岗岩峰林地貌最集中、最丰富精彩的景区。从游仙谷，经一线天、玉清台、玉皇顶至浏霞台一带，处处赏心悦目，有奇异的山峰，也有灵异的巧石，有雄伟的山岳，也有壮阔的云海，还有许多知道或者不知道的珍奇花木，让人犹如遨游于仙境。

乐 "吃"
Eat

婺源菜中蒸菜和焖菜居多，另外野菜也挺多的。县城里一般饭店都能整治一桌不错的饭菜，而且有特色。来婺源一定要品尝的是荷包红鲤鱼、糊豆腐和粉蒸肉，以及当地的野味，如野兔、麂子、田

鸡等,其他特色的民间小吃还有清明粿、气糕、糯米子糕等。当地人喜辣。在游玩中去农家吃饭是不错的想法,那菜量也是非常豪爽的。

心水推荐

＊李坑光明茶楼——古色古香

位于李坑村中间,里面布置得古色古香,一排古老的格子窗和《清明上河图》,散发着古朴悠远的气息。它依山傍水,是观景、品茶、吃饭、住宿的好去处。这里作为电视连续剧《青花》的摄制场地之一,赵雅芝、斯琴高娃都曾在这里品过茶,体验过小桥流水人家的魅力。

很多驴友都喜欢茶楼上的露天阳台,可以尽情地享受阳光雨露,饱览乡村的最美景致,夜里还可以在如水的月光下,与清风和明月作伴,或品茗闲聊,或

把盏畅饮。此时此刻，你仿佛置身于人间仙境，什么世俗烦恼都抛至九霄云外，实可谓"此中有真意，欲辨已忘言。"

地址：走进李坑，沿着小溪经过大夫弟、申明亭，再缘溪而上即可到达

＊客悦楼——陶然农家

客悦楼就在村子东面，有着农家的"八仙桌、终（钟）生平（瓶）静（镜）"的徽州摆式。遗忘已久的青石板路和梦里曾经熟悉的青砖黛瓦，可以呈现在眼前。主人家还烧得一手好菜，特色菜有红烧荷包红鲤鱼（保你吃一条想两条）、糊豆腐、粉蒸肉、清炖土鸡、农家乐、笋炒腊肉（腊肉是自己做的哦，特别的香）。

地址：婺源县思口镇思溪村36号

乐"购"
Purchase

购一点特产

婺源三大特产，除了荷包红鲤鱼外，还有婺源绿茶和婺源的歙砚。这两样都是好东西，可是不识货就会上当，如果不是行家，那么就把这些交给直觉吧，挑自己顺眼的买。

心水推荐

＊婺绿——声名远播

婺绿的品种有茗眉、珍眉、贡熙、珠茶、灵岩剑峰、毛尖、仙芝、龙井、天香云翠、兰舌等，种类非常多。婺源茶品牌统称为"婺绿"，比较有名的品牌有大鄣山有机茶，主要出口欧盟，出口量占欧盟市场一半。

提示：可在县城紫阳镇的天佑路、紫阳镇的文公路，或茶叶乡里买。

朱家角
——小桥流水 悠然桃源

　　选择在某个周末，从上海大都市的快节奏里逃离，一脚踏进这座江南小镇的闲散里，初时可能还会有些不适应这样清淡婉约和民间市声，后来，渐渐习惯这石板路上的步伐。午后的阳光下，一声与一声间，宁静与喧哗就这样奇妙地和谐相处着，那是江南水乡才有的悠闲"生活"，而非平日一直在匆匆赶日子一般地"活着"。

文艺中国

· 入榜理由 ·

朱家角的热闹气氛似乎从来没有沉寂过，走进古镇的条条小巷，沿街的小吃，吆三喝四，香气四溢，令人垂涎三尺，仿佛满镇都是扎肉肥粽、大蹄髈热腾腾的场景。

乐游TIPS
Tour Tips

◎ 交通

1.在上海人民广场乘坐直接到朱家角的大巴。
2.在上海坐沪朱线，可以直接到朱家角，基本10分钟一辆，车程52公里，一个小时左右可到达古镇。

◎ 住宿

古镇里面有不少可以住宿的地方。现在挺热门的是新开的酒吧和青年旅社，老板都是文化人，还经常搞些音乐活动。

乐游随笔
Tour Essay

作为古时生意兴隆、人气旺盛的"珠里兴市"（朱家角原名珠里），朱家角的热闹气氛似乎从来没有沉寂过，走进古镇的各条小巷，沿街的小吃，吆三喝四，香气四溢，令人垂涎三尺，仿佛满镇都是扎肉肥粽、大蹄髈热腾腾的场景。随便经过个巷子望进去，都可见里面认真包粽子的农家阿嫂，要不然就是笑容单纯的小姑娘端着盘面稳稳地跑出来，阳光下让人看

着顿时觉得人生真美好。

老式米铺摆出当年架势，里面有人冷冷地跟探头进去参观的人说：十块门票，不进的门口那边——果然是有当初刻薄伙计的气质。百年老店里的玻璃酱菜缸一排排很引人食欲；唐伯虎小吃铺带着民间故事里的喜气，花哨的门面好似在强调那才子一生就只记取了当年调戏小姑娘的桥段；而路边十分文雅的茶馆，将古时大宅之门一横，就成了很有新意的吧台桌，端的让人欢喜。

等到中午时分，老镇好似只剩下两岸吃喝团，一片热融融的景象。和朋友随便进家农家小馆，也是吃得格外开心，无论是鱼汤和小龙虾，还是各种时令蔬菜，似乎格外鲜美，透着平时都市生活里难得遇见的新鲜感，让人刚吃完又忍不住开始盘算着，哎呀，什么时候再过来吃一顿好了。

乐"游"
Tour

朱家角的桥——古风犹存

粉墙黛瓦、曲巷幽弄、河港纵横，36座古风犹存的石桥将朱家角沿河而伸的9条长街点缀得蜿蜒清丽。"沪上第一桥"——放生桥，也是江南地区最大的五孔大石桥，气势磅礴。站在桥顶，看七月

廿七摇快船，是再好莫属。还有三孔九峰桥、高拱泰安桥也很壮观，而三步之遥的"高低桥"，"微缩景观"的课植桥，"咯咯"作响的平安桥……默默地向行人诉说着它们的前尘往事。其中，必去的是放生桥（造型优美，横卧如虹，是很好的取景点，摄影发烧友必去）及惠民桥（镇上唯一的廊桥，与别的廊桥别无二致，但是此地只有一座，倒也不可错过）。

老宅子——水墨画卷

如果赶上周末，朱家角街道上会是铺天盖地的人和各种餐馆小吃，可是，走进那些老宅子的门，立刻就清幽静雅起来，这种急转直下的跌宕，有热腾腾的生活气，又有清朗朗的心，令这古镇之清不会清得虚无不实在，这古镇之世俗声也不至于嘈杂惹人嫌。

深宅大院明清建筑多。历史上许多富贵人家和文人雅士在此建园造宅，全镇古宅建筑有四五百处之多，风火墙、石库门、墙门人家随处可见。"三泖渔庄"、"王昶故居"、"福履绥祉"，还有席氏厅堂、陆氏世家、陈莲舫故居、仲家厅堂等数十处，还有无数沿街明清建筑，飞檐翘角，黛瓦粉墙，明清风格组成一幅明清水墨画卷。

乐"吃"
Eat

吃一点特色

✲ 河鲜、猪蹄&糖藕——特色三大样

在水乡，吃必然离不开三样。螺蛳、清蒸白水鱼、清水虾！这些都是最新鲜的东东，比酒店里的新鲜多了。朱家角还到处都是猪蹄、糖藕，几乎家家户户都卖。还有个叫做袜底酥的，看似不怎么地的薄饼，最后竟然不够吃，有机会再去的时候一定多买几包。

泡在茶楼

✲ 古镇茶馆

大多集中在放生桥、北大街一带，不下十几爿之多，有豪华型新辟的"放生桥茶楼"，有年代久远古老的"俱乐部茶楼"，更有古色古香的"淼趣楼"，也有排门板门面、几张桌子几条长凳，简易廉价的农家茶馆。最有趣和令人欣喜的是

"茶馆开到游船"上的"游船茶馆"，分为两层，舱内顶上，均可入座茶客，茶船上还备有电视、扑克、象棋、干湿点心，在茶船上品香茗、望廊桥、看水景、听流水，煞是悠哉游哉，不亦乐乎。

✲ 阿婆茶楼——趣味盎然

古镇中最多的是店铺茶馆，茶馆是居民交往、休息、娱乐、饮食的重要场所。阿婆茶楼地处黄金水道漕港河和西井港汇集处，楼房两层，是典型的清建筑形式。2001年APEC会议期间，部长夫人们在此品茗交谈，趣味盎然。江总书记游览朱家角时，也曾亲临阿婆茶楼。

乐"购"
Pruchase

✲ 涵大隆酱园——金奖之作

为百年老店，坐落在北大街237号。早在1915年，涵大隆生产的双套晒油，在巴拿马万国博览会上获金奖。现在店前石库门，以及柜台摆设，都是原物。店堂不大，经营中国名酒、美味酱油、花色乳腐、各种酱菜、各色调味品，价廉物美，声名远播。此外，慈门街是涵大隆酱园的后院，内有文昌阁、九碑廊、龙泉地等，是买特产、吃小吃千万不能错过的地方。

双廊

——风花雪月 世外闲情

　　在双廊，首先就是安静、安宁、安心地居住着，看一看澄净的星空，听一回洱海的涛声，等一次光芒万丈的落日，逛一逛墙上题诗绘画的白族民居，和巷子口的大妈聊聊天，赶上哪家结婚、上梁、给小孩取名字，就能被盛情邀请进去，吃一顿新鲜的白族"八大碗"……然后，租一辆单车，在最美的环洱海公路上骑行……

· 入榜理由 ·

有人说，一个人的丽江，两个人的大理，丽江是梦，大理是家。游双廊也是游客栈！双廊的客栈大多紧邻洱海。来双廊的人找客栈，第一句话也是问："能看到海吗？"走过窄窄的石头小巷，推开一扇白族大门，就住进真正的海景客房，恍然一梦的感觉。

乐游TIPS
Tour Tips

◎ 交通

昆明、成都、北京、广州有飞往大理机场的航班。大理客运北站有发往双廊的班车，半小时一班、途经大理古城，票价17元。大理机场包车180元，古城包车140元。

◎ 住宿

双廊大大小小、风格各异、档次不同的客栈酒店一应俱全，均价在150~500元不等，好些客栈的环境也是非常好，都是临海客栈，而且每个客栈的风格各异，档次也不尽相同，基本上可以满足不同层次游客的需要。

乐游随笔
Tour Essay

从大理古城出发，开车驶向洱海对岸，一路上经过三塔、喜州、蝴蝶泉这些大理的著名景点，到江尾村之后向东一拐，洱海风景扑面而来，我们已经行驶在新落成的环洱海公路上！人未到双廊，就已经领略洱海的味道，我们开始想象着海边客栈的露台……

一进双廊，就被路两边的民居建筑吸引了。我们发现这里大门都特别富有装饰性，飞檐翘角，非常气派，每家都有精美的花格窗、木雕门。最吸引我的要算白墙上的彩色绘画和题字了，都是水墨和水彩作品啊！一般题"苍洱毓秀"、"蔚起人文"、"秀甲天南"等，有的直接就是一首古诗词，哗哗的草书写满一墙，龙飞凤舞，看得我们惊叹不已。

走进一户人家，男主人老杨温文尔雅，热情地招呼我们喝茶。他说双廊古渔村包括双廊、康海、天生营、岛依旁等几个村落。自古以来，当地居民就以捕鱼为生，历史悠久，留下很多文物古迹，如魁星阁、各村的本主庙、玉几庵等，民居建筑保持了典型的白族风格，特别是砖雕、石雕、彩绘艺术最为著名。老杨指着墙上的彩绘说，这些都是请当地知名的工艺师画的。

街上的白族女人，尤其是老年人，都穿着非常传统的白族衣饰，戴着围裙和腰带。最突出的是头饰，平日就扎块头巾，到了过年节和重要的日子，就会戴上华丽的头饰。问路边一个盛装打扮的大姐，她告诉我们，那长长的穗子、上面的山茶花、白色的边和弯弯的形状，分别代表风、花、雪、月，这些装饰在赶集的日子就有卖的！

有人说，一个人的丽江，两个人的大理，丽江是梦，大理是家。游双廊也是游客栈！双廊的客栈大多紧邻洱海。来双廊的人找客栈，第一句话也是问："能看到海吗？"走过窄窄的石头小巷，推开一扇白族大门，就住进真正的海景客房，恍然一梦的感觉。我们守着海景房一住7天，白天跟着村里人过节，四处闲逛，下午就泡在洱海水岸的阳光房，每天躺在门前的露台，看苍山上的浮云。店主会煮很棒的咖啡，制作纯正的芝士蛋糕和提拉米苏，不管是无敌海景的露台，还是鲜花盛开的院子，都能在花香中品尝，捧一本书，度过宁静美好的下午，享受双廊的慢时光，等候每天的夕阳落日。

乐"游"
Tour

洱海边的特色活动

耍海会

每年农历六月二十四日，白族人民身穿盛装，撑起花伞，从四面八方乘船或步行赶来耍海。在耍海的日子里，洱海里白帆点点，岸上人山人海。人们吹起唢呐，唱着《大本曲》，对着调子，舞着霸王鞭，跳起仙鹤舞，尽情欢乐。同时，举行一年一度的"赛龙舟"活动，龙舟一般用洱海里大型的木船改装而成，在长约十米，宽约三米的风帆上，披红挂绿、张灯结彩。桅杆上扎有五颜六色的"连升三级"的大斗，并拴上铜锣，尾舵上竖有松枝，船舷上画着叱咤风云的"黄龙"和"黑龙"，中间镶嵌一面圆"宝镜"。随着一声号令，各村寨的龙舟竞发，人们唱着赛舟调，祝愿风调雨顺，五谷丰登。

开海节

每年7、8月开海捕鱼是大理环洱海地区人民群众数千年来的传统。2008年开始的大理洱海开海节，以大理渔文化为主线，充分展示大理白族传统的开海祭祀活动、渔猎方式、食鱼文化和双廊白族渔村4000多年的古老习俗和迷人风貌。

手摇双橹的渔民、迅捷灵敏的鱼鹰、做工精致的鱼罩、结实耐用的丝网、朴实趁手的搬罾，流传千年的传统捕鱼场景再次展现在人们面前。白族古老的水上竞技活动赛龙舟和开海祭祀活动也同时举行。

✱ 玉几岛——水清花美

玉几岛，过去曾被叫做工几岛、天生营。玉几岛上有玉波阁、清末农民起义军杜文秀水师兵营、赵氏宗祠、大理国开国皇帝段思平之妻杨桂仙修行的玉几庵、千年古榕树等景点，曾经是家家流水、户户养花——极富渔家文化特色的小岛，现在因为舞蹈艺术家杨丽萍、青年画家赵青

别致的房屋青庐更是声名远播。

✱ 蝴蝶泉——忠贞爱泉

蝴蝶泉位于苍山云弄峰下，在白族人的心中，蝴蝶泉是一个象征爱情忠贞的泉，每年蝴蝶会，来自各方的白族青年男女都要来这里，"丢个石头试水深"，用歌声找到自己的意中人。

地址： 大理点苍山云弄峰下九乡风景区（古城以北约25公里）

✱ 大理古镇——宜居之城

简称叶榆，又称紫城，其历史可追溯至唐天宝年间，南诏王阁逻凤筑的羊苴咩城（今城之西三塔附近），为其新都。现在的古城始建于明洪武十五年（公元1382年），方圆十二里，城墙高二丈五尺，厚二丈，东西南北各设一门，均有城楼，四角还有角楼。

虽然从南门到北门的复兴路现已成为了繁华的街市，东西走向的护国路，也被中西餐馆、咖啡馆、茶馆及工艺品商店所充斥。但从街巷间一些老宅，仍可寻昔日风貌，庭院里花木扶疏，鸟鸣声声，户外溪渠流水淙淙，"三家一眼井，一户几盆花"的景象依然。

乐"吃"
Eat

双廊有悠久的历史文化，和谐优美的自然环境，丰富的物质生产，造就了许多美味可口的饮食，除了当地的特色美食酸辣鱼、全鱼席、鸡蛋小粉煎银鱼、黄焖草鱼、鱼鲊等能让人饱口福外，Amigo Café、飞龟咖啡等时尚餐饮的加入，更是双廊"慢生活、休闲首选地"等名号上的时髦注释。

✳ 青尘青尘——微醺佳地

建筑风格和青庐一脉相承，院子虽然不临水，但十分适合躺着晒太阳、看星星。天冷的时候可以围坐在壁炉旁喝到微醺。

地址：大理双廊镇玉几岛桥西

✳ 人在旅途书馆——书好茶香

在这里做伙计十分爽，窗外即是洱海，窗内有书有茶有音乐，而且是好书好茶，每天的工作主要有：晒太阳、上网、发呆、聊天、卖卖书、卖卖光盘、卖卖咖啡还有茶，天冷了生个壁炉，天热了下海划船。最重要的是，住的是海景房！在这里，你很容易体会到羡慕嫉妒恨是什么意思。

地址：大理双廊玉几岛内

乐"购"
Purchase

购一下特产

在双廊选手信，不能错过的是双廊梅果、乳扇、干梨片、木瓜片等。此外，从洱海里打捞上来的鲜鱼和加工制作的干鱼系列应有尽有，也是不错的购买选择。

✳ 双廊乳扇——津津美味

尤其好。这要归功于双廊田坝的青草，牛喂了双廊青草，奶多而质好。乳扇的吃法很多，一般用香油煎吃，有的放盐，有的放白糖。也可以用小奶锅煮了吃。我们小时候最喜欢包裹上糖生吃，津津有味。

✳ 布扎——端午吉物

布扎是剑川白族民间传统的工艺品。每逢端午节，儿童都在胸前挂一串布扎，用以驱邪镇恶。一串布扎由狮子、老虎、绣球、八卦、童子、兔子等3~8件组成。

前童
——隐秘小镇 诗意生活

　　旅行家徐霞客曾经用前童古镇作为那本著名游记的开篇，"癸丑之三月晦（公历5月19日），自宁海出西门，云散日朗，人意山光，俱有喜态。"就是这样一个现代化江南县城却出人意料地保存了最原生态的自然和人文元素。这里的古村落及当地人的生活方式具有真正的古风遗韵。

·入榜理由·

说实在的，这些年各路古镇，尤其是被商业过度侵染的江南古镇看多了，对宁海人交口称赞的前童古镇也有些不以为然。然而，步入这座始建于宋代、目前以明清建筑为主的江南老镇，却有几分意外。

乐游TIPS
Tour Tips

◎ 交通

前童地处浙江省宁海县西南，去前童要从宁波转车去宁海。在宁波火车站坐10路环线车，到汽车南站下车，换到宁海的中巴车，票价30元左右，大约一小时可抵达。

◎住宿

转前童主要景点用一天的时间足够了，除非你想看看晚上和清晨的前童是什么样，那就住一晚上，反正住宿很方便，又不贵，镇上有宾馆、旅馆，也可住村民家。条件尚可，一般在30元至120元不等。

乐游随笔
Tour Essay

前童古镇的建筑以明清时期为主，包括祠堂、民居、古井和老街，外墙皆是青黛石板，院内住宅则是木质结构，老街和庭院都铺着颇具当地色彩的鹅卵石。古镇里最重要的祠堂据说是著名大儒方孝孺设计的，角楼吸取了明代皇宫风格，共有32根柱子，灵感来自棋局。不过，与西塘、周庄等江南名镇相比，前童古镇的建筑算是败旧的了，几乎没有统一的修葺。有些民居空置着，大部分倒是住了人家，但是偌大的院落里也只有几间堂屋有人，墙边生长着野草、竹笋，院里散晾着衣服、鞋子、木凳、笋干、豆腐皮等。有趣的是，这些人家都敞着门，游人可以随意进屋，跟正在歇晌的老人们聊聊天。你会赫然发现，凌乱的屋中居然摆放着一张繁复精美的古董木床，童氏老先生会告诉你这叫"千工床"，每日只做一个工时，三年方能完成，自己睡的这张床少说也有百年历史。

然而，就是这样一座陈旧的老镇，

细细绕上一圈，竟没有丝毫欷歔和伤感情绪。甚至与周庄、西塘那些繁华鲜亮的民宿餐馆相比，这里的宅屋别有一番生机——就像蹲在沟渠边洗衣洗菜的老奶奶，虽然满面皱纹，小脚颤巍巍，却嗓门洪亮，中气十足。据说，这是镇政府刻意为之，他们认为有居民参与，古镇才有生命力。

在这里，唯一让我们感到伤怀的是走进"群峰簪笏"大宅院，堂屋里有一把破旧斑驳的理发椅。这是陈逸飞当年拍《理发师》时的道具，电影拍完后就留在这里了，有点物是人非、恍如隔世的感觉。

乐"游"
Tour

游前童观赏重点是那些老建筑。老镇内密集的民宅多为清代中晚期所造，有1300多间各式古建民居。整体格调突出求吉利、明理义的儒学观念。如建于嘉庆廿五年（1820年）的四合院，对称式的马头墙上有"群峰簪笏 清流映带"墙额，墙尖塑"鱼化龙"，门廊穿堂嵌"五福寿"，正房窗棂刻朱子家训"一粥一饭当思来之不易"等文字和图像，门窗腰板刻菱藕、鱼瓜、春蚕等浮雕。在鹿山东麓建于道光年代的四合院内，用"职思其居"四字为额，刻"量入为出、未雨绸缪"、"孝悌"、"礼义"等文字。

✳ 大夫第宅——大气恢弘

大夫第宅建于清道光年间，由清咸丰年间的军事重臣、江浙总督左宗棠题赠"大夫第"而得名。宅形三合院，由台门、天井、正厅及两厢房组成。占地面积约500平方米。

大夫第位于石镜山路一条东西向的卵石幽巷，巷口两头各有一座台门，两头台门一关，大夫第院内就非常安全，并有

闹中取静的特点。第一台门为重檐楼阁式，门簪上刻有"爽挹南熏"四字，仪门上堆塑"秀挹塔峰拥旭日，兰斜晖祥开鹿阜"额联。左右马头墙上有"瑞兆鹿鸣"泥灰堆塑大字。天井为长方形石板错逢铺砌，平整几净明亮，整座院子大气雄伟。宅吉即人荣。曾任民国初年宁海县第一任县长的童建侯，就是该宅后裔。

✳ 群峰簪笏——耕读传家

群峰簪笏宅由清乾隆（公元1736—1795年）举人童桂林所建，当时他效

法"孟母三迁"，群峰簪笏择址于书院"尺木草堂"旁，是古代官宅代表。马头墙左右对称，具有"五岳朝天"之势，墙体分别塑有"群峰簪笏"、"清流映带"，体现此宅独特的地理位置和主人胸襟。大门两上方镶有"五福"青瓷，故又称"五福临门"宅。两只倒挂镇宅狮暗喻"事事如意"。

院内格子木窗雕有各种不同含义的图案，充满了主人的希望。宅名的由来及各种精致浮雕木刻是前童深厚的耕读文化的集中体现。

乐"吃"
Eat

吃一点特色

古村酒楼菜做得可以。这里的豆腐味道尤其好，口味纯正且花样繁多，甚至可以做出一顿色香味俱全的豆腐宴来。必尝的是前童三宝，是小镇的三种特色小吃，分别为老豆腐、空心豆腐和香干，由于其

口味的独特性以及浓郁的历史价值被统称为前童三宝。特产有前童香干、霞客饼等，也是不错的手信。

* 麦饼——大有嚼头

用小麦粉制成，取鹅蛋大小的面团，里面裹以虾皮、肉糊、芝麻、苔菜、葱蒜等，擀薄，放在红锅里烙熟，外脆里嫩，入口留香。这种饼携带方便，便于保存，也是非常好的自备食品。味道可以，蛮有嚼头的。

* 汤包——满口生香

用小麦粉擀成薄皮，切成五六厘米见方，裹以馅子。馅以黄豆、精肉、虾米、冬笋等组成，或蒸或煮，入口后满口香。

乐"购"
Purchase

购一下特产

购前童特产，可选十二生肖童鞋、童帽、香袋，绣工精湛，还意蕴吉祥之各种寓意；方竹紫竹盆景棱角分明、竹竿乌黑，为居室平添清新和幽雅。此外，前童还是个五匠之乡，尤其是木匠和雕刻。

* 香袋——宜人美观

用碎布头、笋壳箬、麦秆或茧壳缝制成各种形状的外袋，并采拔野生香草，晒干垫进袋内，上吊花线，下垂玻璃珠，珠下再垂花线穗须即成。香气宜人。

大均
——畲风情动 抛却尘世浮华

　　从浙江省景宁县城往西约17公里有一个掩映于秀丽山水间的幽静小镇——大均古镇，也是畲乡风情聚集地。这里，是一方纯净秀美的原始土地。畲族，是一个极其古老的民族。纯净的空气、葱茏的绿意，以及浓烈的畲族风情相得益彰。深入其间，才能体会到当地人真实的生活，寻找到一些朴素的生活乐趣。

·入榜理由·

步入曲径通幽的精巧小青石板巷道，两侧灰墙黛瓦，雕梁画栋，一缕书香氤氲悠然。再往前，飘入眼帘的是清光绪年间当地首富李开元之宅，晚清江南风格民居建筑，墙角的鹅卵石泛着悠淡的微光，门楼上福、禄、寿、喜的石刻凹凸有致，花卉、人物图案栩栩如生。

乐游TIPS
Tour Tips

◎ 交通

每日有多辆班车来往于丽水至景宁之间，从浙江或福建多个市级点都有来往于景宁的客车，景宁镇上有人力三轮车和三轮摩托车载客。自

驾走杭州进杭金衢高速公路，至金华转金丽温高速到丽水，再走丽龙高速（丽水至龙泉）云和口下往南20公里左右即可到达景宁。

◎ 住宿

可前往景宁镇上去，这里有多家酒店，目前最大的酒店为景宁畲乡大酒店（景宁县鹤溪镇团结西路129号），大多数酒店标间为100~150元之间。

乐游随笔
Tour Essay

驱车前往，沿途山青水绿，薄雾袅娜。离古镇两三公里远的河中数条色彩鲜艳的橡皮舟溯溪而上，行至村头，一株千年古唐樟挺立于岸边，巨大的树冠向空中舒展着。

大均于抗战时期也曾为熙攘之地。为躲避日军铁蹄，浙江省府往山区内迁，省教育厅、财政厅分驻景宁和大均，一时间小镇商贾云集，车水马龙。翻开历史画卷，无论鼎盛还是沧桑，村口的古唐樟总是默默地注视着这块土地上的繁衍生息。

古街尽头是"浮伞祠"和镇龙桥，浮伞祠供奉着马夫人。传说她是中唐时期的村妇，一次从景宁取羹奉养婆婆，途经大均遇洪水无渡，竟以伞代舟而渡，被后人奉为孝仙。浮伞渡不仅是数百年来当地水上商贸重要渡口，也是婚嫁路径的重要之地，"牛轿行嫁撑着伞，摆渡对歌浮伞

渡"就是真实写照。

乐"游"
Tour

古老的大均村，在瓯江之畔静静孕育着属于自己的商贸文化、生态文化、民俗文化、休闲文化等特色文化，向来自五湖四海的游人，诉说着畲乡久远的故事和演变的历史。大均有其他江南古镇共有的深宅老巷、廊街岸柳，也有其他古镇没有的千年古樟、均潭印月、洋滩雪浪以及古廊桥。这里的一切似乎都是从梦中的古代

延续至今。

* 千年唐樟——祈福吉瑞

大均古城村建于唐末，村口这株古樟树就是大均悠久历史的见证，因其长于唐朝又名"唐樟"。古樟树干合围达7米，高20米，树荫达1500平方米，像一顶巨大的华盖，郁郁葱葱。唐樟是大均村的风水树，像一位久经风霜的老人，忠诚地守护着大均村。也是人们向其祈求健康平安，年轻恋人们祈求白头偕老的树神。

* 李氏宗祠——文风浓郁

穿过"大均古街"牌楼就进入了古街，牌楼左侧一隅就是明代为褒扬一门三进士而奉旨三门并开的李氏宗祠的墙门。李氏宗谱《规箴十四则》中有要求正名

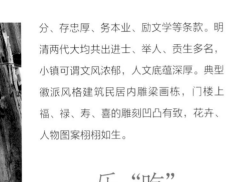

分、存忠厚、务本业、励文学等条款。明清两代大均共出进士、举人、贡生多名，小镇可谓文风浓郁，人文底蕴深厚。典型徽派风格建筑民居内雕梁画栋，门楼上福、禄、寿、喜的雕刻凹凸有致，花卉、人物图案栩栩如生。

乐"吃"
Eat

地方特色美食丰富，龙凤呈祥、畲族粽子、乌米饭、卤姜、糟辣椒、豆腐酿、火锅等风味独特，不可错过。

＊景宁景山源农家乐餐馆——自然美味

美味自然的农家菜，纯生态的溪鱼，店主踏实热情。是你卸下工作的包袱，远离城市的喧嚣，归隐农家，消夏避暑，享受独有的清幽的一个好去处。还可以住富有特色的纯木制客房。

地址：大均乡大均村镇龙街27号

＊宁畲家大菜农家乐餐馆——地道畲味

是用民居改建的食处，只是重新粉刷油漆了，这个漆的颜色显得很厚重，很有传统的味道。畲家大菜口味是地道的农家菜，面带笑容的服务员会耐心详解菜品的产地、做法和组成成分等。更给力的是，这里上菜速度非常快。推荐菜品是炒黄果（类似我们的年糕）、炒鲜笋，润滑

可口。

地址：大均乡大均村镇龙街13、15号

乐"购"
Purchase

购一下特产

当地特产惠明茶、香菇、畲族绿曲酒、畲族医药、烟叶等，都是不错的送人首选。

＊惠明茶——优异贡品

据记载，唐朝年间景宁已种植茶树，明朝惠明茶由于品质优异被列为贡品，1915年，由惠明寺村畲族妇女雷陈女炒制的惠明茶，被送到在美国旧金山举行的为庆祝巴拿马运河开通而举办的巴拿马万国博览会上。

＊板栗——新鲜甘甜

畲族老幼都喜食新鲜板栗，在乡村及城镇道路上经常可见大姑娘小媳妇手捧新鲜板栗剥壳即食，热情的山民还会送上一把板栗给路过的游客。

福宝古镇

——清水出芙蓉 吉瑞之地

　　随着时光的流逝，许多古镇都已经不知不觉地在我们的眼前渐行渐远，甚至消失不见，而江南一带的不少古镇，却因过度开发而变得喧嚣浮躁。相比之下，始建于元末明初的四川南部的福宝镇与山水相伴，独立尘埃，别有韵味，当竹影摇曳，微风拂过，巧夺天工的建筑显得自然纯真、典雅质朴。天降祥瑞的传说又给福宝古镇增添一分神秘色彩。

· 入榜理由 ·

福宝古镇曾被多部电影、电视剧导演相中作为外景地，但仍然是"养在深闺人未识"，没有热闹起来，一切显得朴素清幽。新镇的发展和古镇互不影响，也没有过度商业开发的"铜臭"气息。

乐游TIPS
Tour Tips

◎ 交通

重庆菜园坝汽车站每天有发往福宝的班车，分别是7:45和15:45，可以乘坐重庆到合江县的班车，在白鹿下车后搭合江到福宝的过路车，非常多。也可以从泸州出发至合江，再从合江到福宝。

◎住宿

福宝古镇住宿极为方便，有各种档次的宾馆、招待所和小旅馆，也可以借宿在古镇上的居民家，感受一下古镇的夜晚与清晨。古镇主要街道——回龙街上没有旅社，旅馆在新街和公路桥的另一头，也可以住合江县城或泸州市内。

乐游随笔
Tour Essay

爬上镇外北面的山，据说这是一览古镇全貌的最佳地点。那天天气并不是很好，天空灰蒙蒙的，我一路上都在懊恼来得不是时候，却还是被眼前的景色惊呆了。远远望去，朦胧竟然让古镇变成了一幅水墨画，高低错落、鳞次栉比的屋宇千姿百态，排排吊脚木楼错落有致，随山势起伏。小街宽处七八米，窄处仅一米半左右，全部系青石板铺就，石阶蜿蜒伸向前方，行人在石梯间上上下下，走出了小镇特有的诗意。如果雨雾再浓些，就更宛如仙境了。

看过古镇全貌后，我走进古镇细品。青山叠翠下，沿河绿竹摇风，粉墙青瓦，每转过一条小巷，寺庙、院落等建筑都会给你不同的感觉，就像在看一幅幅静谧飘逸的山村画。

我的脚下就是青石街道，路面斑痕累累，那是几百年来的印记，我想古城的故事也许就是从这里开始的。和古老的小镇气质吻合，还有安静平和的人们——小

街行人稀少，偶有纳凉的老人在树阴下闭目养神；几个妇女坐在门前，穿针引线地绣花；小孩子在低矮的木凳上做作业，丝毫不被嘈杂打扰……时光在这里流得很慢很慢，真正的生活被沉淀了下来，完全没有都市的市侩气息。我就这样自由地在街道上走着，与各种生活擦肩而过，小卖部是香烛、纸钱、古老农具构成的乡土生活；大树下打麻将的人、背着背篓上山下山、在自家门口闲聊的是惬意的小城生活……

我将目光投向蒲江河，窄窄的河面居然还可以行船，它就是穿镇而过的那条河。河边渡船上的船夫，用古老的方式将船推向对岸，不用划桨，非常有趣。一根钢缆固定在两岸，船上有铁环可以固定在钢缆上，船夫用一根木爪子抓住钢缆，一使劲，船就往对岸射去，速度飞快，野趣十足。

乐 "游"
Tour

为观看古镇全景须爬上福宝大酒店对面的一座小山，那里看到的古镇全景最经典，可以向当地人咨询。整个古镇布满了集市和陈旧的店铺。我觉得最好的娱乐就是在古镇散步，体验纯粹的安静，这样

心灵会如茶叶在热水中般舒展，娱乐的最高境界也不过如此吧。

＊回龙街——古巷悠然

福宝镇现保存最完整、最有看头的一条古街，沿回龙桥而上，在大青石铺成的街道两旁，民房一间靠一间、大小不一，形成九龙巷、刘家巷、包青巷、柴市巷、鸡市巷五条巷道。街道全长450米，宽1.5~8.0米，是当时最热闹的繁华地段，并有回龙桥、三宫八庙、惜字亭等古建筑掩映其中。

＊惜字亭——形制考究

惜字亭建成于乾隆五十五年庚戌天中月，共六层八方，仿八卦图形，高八米，每层每方都刻有深浮雕图案，且不相同，是天后宫烧钱化纸的地方，所以又叫"字库"，俗称"化钱炉"。

＊三宫八庙——历史悠久

指清源宫、万寿宫、天后宫、五祖庙、土地庙、张爷庙、禹王庙、火神庙、灯棚、王爷庙、观音庙。三宫八庙布局合理，格局基本完好，大都设有戏楼、厢楼、天井、板壁、框架等。除王爷庙、灯棚、观音庙没有在回龙街上外，其余的庙宇占了回龙街2/5的面积，相当集中，大大带动了民居建筑的发展。现在这些三宫八庙残存的寺院、佛塔、雕塑、绘画等仍散发着悠久的历史文化气息和建筑艺术的光辉。

＊玉兰山庄——气势磅礴

玉兰山庄距福宝古镇23公里，以森林风光为基调，集众多的飞瀑流泉、奇根怪石、险峰峻岭、幽峡深谷、珍禽异兽等为一体，其中尤以气势磅礴的竹海令人惊奇，竹墙、竹廊、竹湖、竹海构成浩浩荡荡竹的海洋，老竹、新竹、竹鞭、竹叶、竹笋、竹须无一不是那样多情，让人顿生遐想。

听川剧座唱

佛宝文化源远流长，民间艺术种类繁多，如演灯戏、对山歌、打连枪、耍花灯、舞狮子等。特别是独具特色的佛宝唢呐锣鼓演奏，被著名美学家王朝闻誉为"难得的民间文化艺术珍宝"。如果你去得巧，还可以听到福宝民间原汁原味的

川剧座唱。所谓川剧座唱，就是川剧爱好者在闲暇时候进行的一种自娱自乐的文化娱乐形式。与台上正经演出的川剧不同的是，它只需搭上两张桌子，摆上几件必不可少的锣鼓乐器，再沏上几碗茶就行了。有没有观众不要紧，全凭自己过瘾就好。所以川剧座唱在有的地方又称"玩友会"。又因座唱时，大家往往围鼓而坐，所以又叫"打围鼓"。在福宝，当地人则喜欢将其称为"吼过街玩意儿"。

乐 "吃"
Eat

福宝古镇的风味小吃早在清末就享誉川南黔北，既有传统的酥饼、豆腐干、油炸糍粑块儿，又有以清水笋尖、玉兰片、竹笋、竹荪等绿色食品为主的"熊猫宴"，加上荔枝、森林野味等，让人垂涎三尺。

＊ 两间茶铺——悠闲憩处

一间位于回龙桥头，是镇子里位置最好、茶客最多的茶憩处，基本能坐满2~3桌客人，茶水每位5毛；回龙街137茶铺，这是一间只有4张桌子的茶铺，牌子挂倒了也就那么任凭它去，经过的人不问，在座的人也不介意，时间就在客人们玩着的川牌下流过了……

＊ 福宝酒楼——风味独具

有野味和味道很不错的梅子酒，酒楼环境很不错，服务态度也很好，价格也不高。

乐 "购"
Purchase

购一下特产

有的日杂铺有几种土陶的小油灯卖，很有特点；有种竹制的衣架，比别处所卖的多了道工艺，显得很别致，但只有赶场时才能见到；镇子里还有卖一种当地人玩的长条纸牌，但牌面不同也有不同名称，甚是有趣。

＊ 杨梅酒——香浓醇味

野生梅子很多，当地人都采来泡酒。这种梅子酒口味不错，而且对身体很有好处，大约五元/斤，而城里一般都是十块钱二两的一小瓶，口味还不及古镇里卖的。福宝的天堂坝有个杨梅生产基地，个大味醇，杨梅酒特别香醇。

＊ 福宝豆腐干——绵软细嫩

拥有"色泽酱黄，清香馥郁，绵软细嫩，味道鲜美"的独特风味，根源于它独特的制作技艺，这一技艺的最大的特征，是以木炭烘烤豆腐干，被誉为"炭火烤出的神奇艺术杰作"。

赤坎古镇
——南国威尼斯 宁静而致远

　　赤坎古镇（因当地多红土而最初叫"赤墈"，距今已有350多年历史），在当地人的记忆里，赤坎却一直没有改变，还是那个简简单单安安静静的镇子。虽然有越来越多的剧组在这里拍戏，但是镇上的人们还是过着自己原有的日子，没有购物点，没有当街摆卖的工艺品。然而，正是这种夹杂着市井气息却又超然物外的精致生活，让文艺如王家卫者，都对这里一见钟情。

· 入榜理由 ·

潭江贯穿整座小镇，是小镇的母亲河，水清且碧蓝，河岸两侧的骑楼清晰地倒映在水中，无论是步行游走或乘叶扁舟，都相当惬意。

乐游TIPS
Tour Tips

◎ 交通

飞机前往广州，乘当地大小巴或租车到达古镇，脚踏车游览。

◎住宿

1. 开平赤坎镇青年旅馆（开平市赤坎镇河南路126号），标间40元/间，是开平市首家青年旅馆，在赤坎镇影视城与欧陆风情街对面，你想拍一个赤坎欧陆风情街的好照片，那这里的位置是最合适的了。

2. 碉民部落（开平市河南路126号），价格：50~100元/间。很干净，时尚！类似青年旅社。就是一群背包客的家，老板娘尤其好，特别地热情。老板人也不错，提出的事情总是想办法给我们最好地解决。

乐游随笔
Tour Essay

不大的古镇里居然有两座颇具规模的图书馆，真是相当给力！而在赤坎影视城中，仿佛又进入了一部部年代戏的现场，颇有些时光交错之感，"这是三家巷的牌楼"，"那是我在《醉拳Ⅱ》中看到的警察局"，"快看快看！这里是叶问的家"……慢逛这里的一景一物，便如同正在分享着剧中的悲欢离合，令人浮想联翩、回味无穷。

漫步在古镇的大街小巷，到处都能听到小贩的叫卖声，闻到油煎豆腐角所散发出来的香味。其实这时你才发现，这里更适合的是漫无目的地东游西逛，因为往往有时，就在一个转弯处，便是一重惊喜。小镇最有特色的是骑楼。我到过不少江南名镇，小桥流水的细腻温柔早如云烟

过眼，但赤坎的骑楼却是别具特色。它不是一座座独立的小楼，而是横连成一片，初看有点像北京常见的大板楼，但只有三层高，底层尤为高，主要是店铺，上面两层是住家，估计是国内最早的"商住两用楼"。每座骑楼的一层都互相连接成长廊，因此，我们这些在雨中漫步的人有福了，雨天既可避风雨，晴天又可防晒，很有点广州西关大屋的味道。这条长廊很热闹，有聊天的、喝茶的，还有放了学的小朋友搬着板凳写作业……充满安详平和的生活气息。港片控们一定会似曾相识：欧式风格的骑楼，安静的小街，河边商贩摆的小摊，各式各样的老式广告牌……20世纪二三十年代的香港大抵就是这个模样，现在，赤坎依然是这个样子，难道是我们穿越了？

乐"游"
Tour

赤坎是极佳的外景地拍摄地，无论你拿的相机是否专业，镜头前的你是否有范儿，照片都是超级有feel。难怪很多人都想来这里做"镇民、碉民"，哪怕一天也好呢！

＊骑楼——美观又科学

现在能看到的大部分骑楼都建于19世纪末20世纪初，由华侨所建。骑楼是一种商住建筑，骑楼这个名字描述的是它沿街部分的建筑形态。它的沿街部分二层以上出挑至街道红线处，用立柱支撑，形成内部的人行道，立面形态上建筑骑跨人行道，因而取名骑楼。骑楼不仅美观，设计还非常科学，由于它刚好适应了当地亚热带气候的特点，既可以避风雨，又可以防日晒，人行道内的店铺也可以以此遮

萌，便于敞开门面陈列商品，以广招顾客。据统计，赤坎镇共有3公里骑楼，约600座房子。

＊ 赤坎影视城——极具岭南特色

占地总面积6000多平方米，投资1200多万元。影视城的主体三家巷完全按照广州西关20世纪20年代的格局而建，包括一座西洋建筑、两座中式建筑和一条街道。《一代宗师》、《醉拳Ⅱ》、《秋喜》、《三家巷》、《风雨西关》等80余部影视作品在这里拍摄。如果你觉得影视城没什么可玩儿的，那就错了！因为影视城就建在古镇里，妙处就是与古镇的古建筑群巧妙地融合成一体，极具岭南文化特色。慢逛这里的一景一物，便如同正在分享着剧中的悲欢离合，令你浮想联翩。

＊ 司徒氏图书馆和关族图书馆——见证百年竞争

赤坎镇有两大家族，分别是司徒家族和关族(关公后代)，两大家族均为当地望族，而随着地区发展，两家也在各方面开始明争暗斗。1920年，司徒家族的海外族人提议兴建图书馆，总投资3万多银元，建筑风格为欧式，并购置美国大钟。此举震动了关氏族人，为了挽回面子，他们立刻建造了关族图书馆，规模与司徒氏相当。他们采用德国大钟，并广收名家作品。这两座图书馆是两大家族数百年竞争的见证，现在是领略颇具特色的岭南书墨香的独特所在。

＊ 开平碉楼——《让子弹飞》主摄地

从赤坎古镇出发，驱车20分钟左右

就能到达开平自力村的碉楼。这里是《让子弹飞》的主要拍摄地，碉楼的外形很古怪，瘦高型，很牢固的感觉，楼上有很多小窗户，确实有几分像碉堡，可以抵御强敌。很多碉楼的图纸都是爱国华侨从国外带回来的，随便走进一座碉楼或民居都可以看到中外文化交融的痕迹。在整个开平，还有很多这种集防卫、居住和中西建筑艺术于一体的多层塔楼式建筑，但真的很难找到两幢一模一样的碉楼。作为近现代重要史迹及代表性建筑，开平碉楼被国务院批准列入第五批全国重点文物保护单位名单。其中，现存最早的龙胜楼建于民国八年(1919年)，最精美的是高六层的铭石楼。

乐"吃"
Eat

吃一点特色

无论是赤坎，还是开平碉楼，特色小吃非常多。赤坎豆腐角、马冈濑粉、猪仔薯(干)、赤坎鸭粥都很不错。

＊豆腐角——金黄鲜香

制作方法简单，但吃起来异常鲜香。制作时先将豆腐切成小方块，再将这些豆腐块抹上新鲜鱼腐，然后放至平底锅上热油煎炸。煎炸时应适时翻动，待至金黄色时即可。

＊赤坎鸭粥——香味怡人

烹制鸭粥要选用上等精米外，在鸭的选用上考究，鸭龄、肥瘦均应适中，以保证肉质鲜嫩。烹制时将精米放入水中熬煮，待将熟时再把半熟的鸭肉放入同煮，直至全熟。此粥保持了鸭肉原有的香味，老少皆宜。

乐"购"
Purchase

购一下特产

购开平特产除可选较有特色的碉楼茶、海味干货等，开平广合腐乳、水口白菜、联竹果蔗、金鸡番葛、龙胜甜橘、东山蜂蜜、马冈鹅等也是很有特色的当地土特产品。

＊陂头桂味荔枝——果肉厚脆

陂头桂味荔枝产于马冈镇陂头嘴村，为加拿大华侨吴文玺于 1915 年由增城移植。特点为果肉厚脆，有桂花香味，近果肩有墨绿色斑块，故称鸭头绿桂味。

＊开平广合腐乳——入口即化

开平广合腐乳采用优质黄豆为主要原料，再配以各种传统辅料腌制而成，既是家庭佐餐佳品，也是茶楼、酒家、饭店烹调的绝好配料，具有色泽金黄、咸淡适口、鲜香嫩滑、入口即化等特点。产品曾多次获国家金奖，遍销世界各地。

黄龙溪

——夜闻更声晨沐雾 飞檐翘角旧时屋

　　青帘竹影枯灯，烟雨更声古巷，让人难以想象的是，这般诗情画意的黄龙溪竟然曾是成都最南处的江防据点屯兵要地。古街道、古树、古寺庙、古牌坊、古佛洞、古渡口、古崖墓、古民俗、古战场遗址、古三县衙门，这"十古"成就了蜀南名镇黄龙溪，也延续着黄龙溪。

·入榜理由·

天渐明，从江面飘来阵阵浓雾，眼前的景物瞬间变得迷蒙，镜头里的古榕、吊脚楼、行人顿时变成了剪影，整个古镇瞬间又幻成了一幅淡淡的水墨画。

乐游TIPS
Tour Tips

◎ 交通

黄龙溪位于四川省双流县南部，距成都市区42公里。成都新南门车站有直达黄龙溪的班车。抵站后乘人力三轮车或步行就可逛古镇了。

◎住宿

古镇内有很多旅馆，古色古香，住临江的吊脚楼很有诗情画意，标准双人间价格60元至100元不等，普通间10元一个床位，卫生条件尚可。

乐游随笔
Tour Essay

拂晓时分，我沿着江边翠竹小径，走进刚刚苏醒的古镇。临江一棵古榕树旁有座杆栏式吊脚楼，飞檐翘角，青瓦粉墙，门前挂一串红灯笼和一盏木质街灯，主人正倚楼品茗，很悠闲的样子。早起的乡民有的背着竹篓，有的扛着锄头，有的推着大板车，从我的面前走过，构造了一幅古镇如诗如画而真实自然的动人画卷，我忍不住心中狂喜，频频按下相机的快门。

这时天空飘起了细雨。古镇的居民已然与往常一样开始了周而复始的一天：

街道两旁的小店，伙计们正卸下旧得发亮的门板，挂出蓝布白字的店旗揽客；小饭馆门前已摆出土造的火炉，上面蒸着热气腾腾的糕点；做杂活的妇女们用木盆将刚从鱼市上收来的鱼虾暂养起来，准备供食客点上餐桌。离我视线最近的古木屋屋檐下，一对老夫妻早早地开门摆好小摊，放上自家制作和采购来的古镇特产——竹叶烟熏豆豉和芝麻糕，还有进庙烧香用的香火蜡烛等。眼前的一切，都那么充满生气，那么自然。

坐在门口编花环的老婆婆，须发皆白却手织不缀，小孙女就乖乖坐在旁边，偶尔小声地问行人：买花环吗？婆婆手中的花都刚摘下来，还透着淡然的芬芳，在婆婆灵巧的手中很快就变成了一顶绿色衬底、五颜六色点缀的工艺品，浓浓的田园气息让人如沐甘露。

古镇在清晨的烟雨中慢慢醒来，渐渐清晰。

乐"游"
Tour

黄龙溪历史、文化、名胜、风光，一应俱全，有"天府第一名镇·田园城镇样板"的美誉。同时，还有两百多部电影诞生于此，黄龙溪被誉为"中国好莱坞"。

＊古镇老建筑——古意盎然

古镇不大，锦江一水绕镇而东。经过1700多年的历史变迁，古镇至今仍保存完整。现存的古街坊有7条，街内两旁多为明清时期建筑，属全木穿斗结构，严谨的廊坊式古代建筑样式融入其中，街面由红砂石板铺成。现存的76套民居亦多为两层高的明清风格建筑，青瓦粉墙，栏杆窗棂镂刻精美。临江飞檐翘角的木质吊脚楼是古蜀民居"杆栏"文化的体现。古镇内尚有三座完整的寺庙——古龙寺、镇江寺、潮音寺，皆坐落在正街上，形成黄龙溪古镇一街三寺庙，且街中有庙、庙中有街的独特格局，再加上镇外的两座宏伟的古寺庙，更给黄龙溪增添了古意。

＊潮音寺——祈福道场

潮音寺坐镇古街当中，古称乐善堂，是一座尼姑庵。临街五间，供奉观世音大士和弥勒佛。古时上元会、中元会、下元会都在此举行供天道场，祈祷风调雨顺。

＊镇江寺——千年古刹

镇江寺位于正街北首，与古龙寺遥遥相对，是千年码头王爷坎上的一座千年古刹，供奉镇江王爷杨泗以保平安，为旧时船帮祭祀集会的场所。寺前千年古榕寄生辣椒，成为奇观。镇江寺对面是锦江与鹿溪河的交汇口（两河口），锦江水清、鹿溪水褐，可见"黄龙渡清江，真龙内中藏"的景观，这也是"黄龙溪"地名的由来。

黄龙溪有名的"火龙节"

黄龙溪烧火龙起源于南宋。先民们根据"龙现武阳赤水"和民间流传的关于主宰光明与黑暗的"烛龙"与主管风雨的"应龙"神话及"龙生九子"的故事，在"舞龙"这个图腾文化的基础上，创造了独具特色的"火龙灯舞"。经过不断改造、丰富，黄龙溪的"火龙灯舞"逐步得到了完善，成为全国著名的"火龙之乡"。

乐"吃"
Eat

吃一点特色

黄龙溪的茶历史悠久，黄龙溪历史上即为茶叶之乡和茶马古道，南方丝绸之路的必经之地，茶文化底蕴深厚。"武阳买茶"之说说明了黄龙溪是川西最早的茶叶市场之一。古镇最有特色的莫过于茶馆，路两旁、河堤上、竹林下，"一"字展开的竹台、竹椅、竹凳，还有花花绿绿的太阳伞，成为古镇上一道诱人的风景。喝茶对于古镇上的人来说，那是与吃饭并列的头等大事，马虎不得。他们用本地产的茉莉花，冲在盖碗里，一些茶馆有时也

有上好的竹叶青、峨眉雪蕊这样的好川茶。一杯清茶，一天闲适，尤其是老人们，大清早上馆子遛鸟兼喝茶，花钱不多，却是一种悠闲、雅致的享受。

☀河水煮活鱼——美味一绝

古镇传统美食有石磨豆腐、黄辣丁、酥皮肘子等。黄龙溪的鱼更是一绝，有"七上八下九归沱"的说法，即每年从小寒、大寒节气到次年七月，下游的鱼儿成群结队溯江而上到此产卵，所以黄龙溪鱼产甚丰。当地最地道的吃鱼方法是在船上，来一锅"河水煮活鱼"，看似粗鄙的吃法却能让人尽享野味之鲜美。

☀黄龙溪一根面——传统名吃

是黄龙溪的招牌小吃，一根面又叫"长寿面"、"长久面"，是宋元明清时期黄龙溪古镇著名的传统名小吃。黄龙溪古镇盛产小麦，每到逢年过节办喜事时，黄龙溪人就会用麦心粉制作一根面，几乎家家户户都会做！一根面在不同的场合有不同的吃法：过生日时吃一根面加两个蛋寓意长命百岁，加三个蛋表示千秋长寿，加四个蛋祝福万寿无疆！婚嫁喜事时新娘新郎必须吃上一根面，分别从一根面的两端吃向中间，直到嘴对嘴，合二为一，寓意长长久久，百年好合；正月里吃上一根面，一顺百顺。所以民间一直流传着"不吃一根面，枉到黄龙溪"的说法。

乐"购"
Purchase

购一下特产

很多小店门前都成串地挂着竹叶做包装的叶包豆豉；打草鞋的老婆婆、编鸟笼的老伯沉浸其中，丝毫不理会眼前流动的风景；蓝印花布的手工布艺小店；古色古香的竹编和木器；正在现磨豆浆的大石磨；琳琅满目、花团锦簇的绣花鞋……你只需睁大发现的眼睛，就会找到属于黄龙溪的美。

✳ 叶包豆豉——回味无穷

这种豆豉的包装具有观赏性，绝大多数是家庭手工制作。做法是黄豆蒸熟加进盐等调味品，用干竹叶包好，用麻绳扎口，12只扎成一捆，然后挂在灶台上方让烟熏烤一定时日，再挂到室外晒干即成。蒸排骨或鲢鱼时，与蒜一起擂烂，拌进肉或鱼蒸煮，食之其味无穷。

✳ 手工织布——千年技艺

中国传承了几千年的手工织布除了在边远少数民族地区外，现在已很难看到了，但在黄龙溪还能看到它的踪影。手工织布，有"宽蓬"、"窄蓬"之分。"宽蓬"即宽幅，"窄蓬"即窄幅。

PREFERABLY HUMANE PLACE
优选人文据点

南锣鼓巷

——最时髦的新文艺街巷

　　2005年以前的南锣鼓巷还是一条十分破旧、狭仄的小胡同，但是如今的这里俨然已经成为了一处京城新名胜。不但原生态的胡同文化在这里体现得淋漓尽致，而且近年来随着一批年轻创意人的到来，这里也逐渐成为北京草根创意最为"汹涌"的区域。

·入榜理由·

南锣鼓巷，北京的文化符号，帝都的小纽约。洗尽铅华，迎来送往，五湖四海的客人会把最美的生活憧憬留在这里。琳琅的店铺，水彩板一样，多彩而炫目。越是安逸的胡同，就越有按捺不住的情怀……

乐游TIPS
Tour Tips

◎ 交通

地铁五号线，张自忠路A口出，沿平安大街往西走，路北。
公交107、124路等到宝钞胡同站下车，到达南锣鼓巷北口；13、60、118路等到锣鼓巷站下车到达南锣鼓巷南口。

◎住宿

要体验原汁原味的老北京风情，老胡同里的四合院酒店应该是不错的选择。杜革四合院艺术精品酒店（东城区前圆恩寺胡同26号），隐蔽在南锣鼓巷前圆恩寺胡同，共7间客房，管家服务很贴心，每个房间都有自己的风格，有漂亮的餐区和北京四合院的风格。

乐"游"
Tour

游一下老地方
元代里坊格局——历史中的遗珠

南锣鼓巷南北走向，长约800米，东西各有8条胡同整齐排列着，整个街区犹如一条大蜈蚣，所以又称蜈蚣街。从南向北，西面的8条胡同是福祥胡同、蓑衣胡同、雨儿胡同、帽儿胡同、景阳胡同、沙井胡同、黑芝麻胡同、前鼓楼苑胡同；东面的8条胡同是炒豆胡同、板厂胡同、东棉花胡同、北兵马司胡同、秦老胡同、前圆恩寺胡同、后圆恩寺胡同、菊儿胡同。这些胡同在元朝时没有名称，名称是明朝以后逐渐演变来的。比如菊儿胡同，明代叫局儿胡同，后来改称橘儿胡同，清代宣统时才称菊儿胡同，后延续至今。南锣鼓巷地区是极少的、还完整地保存着元大都里坊面貌的历史遗存。胡同格局那么完整，胡同里各种形制的府邸、宅院多姿多彩。真可谓北京古都风貌中一块保存完整的"碧玉"，是京城胡同生存的样本。

寻一下名人遗踪
追忆往昔的辉煌

一张图片也许能让你看到这京都旧宅中的一梁、一屏，却不能向你诉说满目的情怀。只有亲身至临才能了解，这些胡同里的残碣、朱门，都曾历经怎样的繁华旧事。

洪承畴家祠

南锣鼓巷上的历史记忆之一，明清之际著名人物洪承畴的家祠。如今洪府早已分建成多处小型四合院和小平房、大杂院，辉煌不见。

僧王府

清朝大将军僧格林沁僧王府，其中一部分被改建为侣松园宾馆，古色古香的四合院酒店。僧王府旧址今日可在板厂胡同、炒豆胡同找到。

奎俊家宅

清朝四川总督奎俊的家宅位于黑芝麻胡同，是一座花园式的建筑，共有五进院落，门前有上下马石，门内有影壁，两边有屏门通到后院，设计考究。

荣禄之父的宅邸

荣禄是清末的重要人物之一，其父的宅邸很大，跨过寿比胡同、菊儿胡同。

皇后府

清朝的末代皇后婉容结婚之前的住所，位于帽儿胡同，婉容被册封前原是普通民居，封后之后华丽改建，在民间俗称皇后府。

靳云鹏宅邸

虽然此宅如今已然难寻痕迹，但在宅邸旧址东棉花胡同里建起的中央戏剧学院却是名扬天下。靳云鹏，北洋武备学堂毕业，曾于1919年任陆军总长，代理国务总理。

茅盾故居

茅盾曾从东四头条迁到后圆恩寺胡同，一座不大的两进四合院，大门内影壁上镶着邓颖超同志题写的"茅盾故居"四个大字。

蒋介石行辕

后圆恩寺胡同内，原清末庆亲王奕劻次子的宅邸，民国时售于法国人。蒋介石抵京时曾以此宅做过行辕，现在是友好宾馆。

齐白石暂居

雨儿胡同里，曾传有一位清朝内务府总管大臣修私宅越级被参劾，宅子被分拆售卖，是清代中、晚期的四合院，新中国成立后齐白石先生曾在此短居，之后返回跨车胡同。

乐"吃"
Eat

吃一点特色

文宇奶酪店——老北京最好的那一口

老北京最好吃的奶酪店，也是最火的奶酪店，别看店面不大，可顾客总是不少。店里的酸梅汤也是特色。每每排队都要趁早，因为这里的奶制品都是限量销售的。

店里面的原味奶酪最是出名，乳白润滑，淡淡的奶香又带有酸奶的一点酸味，吃起来决不会有牛奶的油腻感觉。天气炎热的时候，吃上一碗从冰柜里拿出来的原味奶酪，冰凉舒爽得很啊！这里的双皮奶相对来说味道就浓郁得多了，奶味比较厚重，吃起来也没有原味奶酪那么清爽，如果是酷爱牛奶的人，这一款大概能让你流连忘返呢。奶卷是每次去都要外带的，淡淡奶香，淡淡豆沙香，放到嘴里也是淡淡的！

地址：南锣鼓巷49号

尝一桌佳宴

咖喱虎——胡同版香港鱼蛋店

一家打着"正宗香港传统饮食店"旗号的绿色小档口。老板是个香港小姑娘，咖喱虎属于她的创业项目，自己能挣点钱，也能让北京的朋友们在家门口儿就能吃上口纯正的港岛味道。小店的丸类是招牌，鱼蛋、芝士、花枝、鱼子、海胆……一共九种，最推荐几样混搭装满一大杯，口味没得挑，足以代表最街头的香港。点缀在丸子上头的咖喱酱属于老板的家传秘方，自家调配出的口味非同一般，叫每粒丸子的味道更加丰满。

地址：西城区南锣鼓巷15-1号

乐 "购"
Purchase

淘一些小物

南锣故事简介——I老虎YOU，北京

关于老北京的特色工艺品都能从这儿找到，如兔儿爷、剪纸、门楼、风车、小人书、文化扑克、铁皮玩具等，让没来过北京的人爱上北京，让在北京长大的人怀旧后更爱老北京。同时，店里的南锣鼓巷特色的旅游纪念品也挺多，如文化衫、布包、明信片、工艺品等。

地址：南锣鼓巷81号

创可贴8——中国魅力，GOOD

"创可贴8"，是一家凝聚了北京特色的T恤店，老板江森海漂洋过海来到北京，从一个哼着"Beatles"的英国小伙儿变成了地道的京城"胡同串子"，并把自己对北京的热爱都"感染"到了他设计的T恤上。今天的创可贴T恤有独具代表性的中国及京味特色元素中汲取灵感并致力于重现其时代韵味。无论是卡拉OK厅前闪烁的霓虹标牌，还是中国杂技中漂亮的翻转叠罗造型，一切看似普通平常的形象都被视为创作的源泉，通过这些印在T恤上的图案可以尽可能地重温那些特定年代中的中国魅力，使你不得不感动于老江

对中国文化的着迷和那份孩子般的童真。

地址：东城区南锣鼓巷61号

肚脐眼——我们的童年，在这里

因为"人人都有肚脐眼，就像人人都有童年"，很幸福的小两口开的可爱小店，讲述着长不大的孩子关于读书、关于生活、关于爱情的一些小情感。看着那些图案总令人不禁莞尔，店内的墙壁上都是店主的手绘画。店内Tee的价格在100元出头。

地址：东城区南锣鼓巷53号

多肉植物馆——花花草草，好减压

多肉植物馆，很有意思的名字，其实是几个北京女孩开的店，她们都是发小，据老板说，她们只是为了找一个聚会的地方。好萌的小盆子，仔细看时才发现上面都被店家精心地标注了价签儿和名字，什么生石花、春桃玉、银月、黄丽、熊童子……在我的脑子里仙人球只有一个名字就是"仙人球"。天天坐办公室辐射太大正打算买来吸辐射呢，最后挑了两盆。据店主介绍，来逛的基本都是上班族，有时候，他们不仅买花，还主动来做义工。在他们看来，侍弄一天的花花草草，特别减压。

地址：东城区北锣鼓巷101号

22院街
——最摩登的艺术区

　　"22院街艺术区"是艺术区中的后起之秀，它位于CBD区域里的百子湾社区，空间距离上的优势，使之成为艺术FANS们更近的艺术体验处。有别于多数老厂房内的艺术区，这里是新生代艺术区的代名词——崭新而略带奢华。

THING-IN-
ITSELF:
UTOPIA, POP AND
PERSONAL
THEOLOGY
Wang Guangyi
Retrospective
Exhibition
"自在之物":
乌托邦、波普
每个人神学
王广义艺术回顾展
10/14-11/27, 2012

Curator: Huang Zhuan
Organizer: Today Art Museum
策展人：黄专
主办：今日美术馆

· 入榜理由 ·

沿着摩登天空门前的草坪晃荡上一圈，你会发现邻居家有着可爱的猫咪，门口还有聚集着无数的哥的姐的出租车之家，这些都是22院街艺术区中独有的城市艺术；而今日美术馆、知名画廊、木马剧场、酒吧、餐厅、咖啡馆、书店以及极具设计感的服装店，以及随处可见的后现代艺术装置、富有东方韵味的展览海报……一切浓郁的艺术气息迎面而来，怎能不让人流连？

乐游TIPS
Tour Tips

◎ 交通

公交：11、30、31、486、595路等到北京东站北下车，向西步行600米；地铁10号线双井站下车，向东步行500米。
自驾：国贸桥向南过铁道桥掉头后，第一个路口右转进入百子湾路，向东行驶约1200米；或西大望路向南行驶800米右转进入百子湾路，直行约1000米。

◎住宿

22院街的2号楼的21层有一间超五星级公寓式酒店——北京艺吧（苹果）艺术公寓酒店，是比较文艺的落脚点，在这里也许你的邻居就是某位艺术家。

乐"游"
Tour

赏一把画廊

今日美术馆——艺术急先锋

　　和艺术区连为一体的，除了一座五星级酒店式公寓和成片的LOFT工作室，最重要的便是今日美术馆了。作为中国首家民营非营利国际当代艺术馆，也是中国加入WTO之后第一个按照国际美术馆规范建设和运营的纯民间美术馆，连带着从展览到艺术礼品店、艺术书店、咖啡厅一应俱全。看完展览，散步至重复咖啡，除了美妙的咖啡，这里的西厨房还出品着美妙的法餐及东南亚餐。

地址：朝阳区百子湾路32号苹果社区4号楼

观一下前卫设计

摩登天空工作室——艺术灵感实验室

　　沿着稍显僻静的艺术街行走，发现

藏身其中的一处，是由滑梯、草坪、若干彩色卡通纸箱组成，颇有几分社区儿童乐园的味道。也许会被误认为某位神秘建筑设计师的最新作品展，但这其实是中国先锋独立新音乐的汇集之地——摩登天空工作室。其在22院街的办公区有录音棚以及一个300多平方米的展厅是向观众开放，而且还时常会有一些小演出和派对活动。

作为国内最大的独立新音乐纪录厂牌，摩登天空工作室自创立15年来一直属于行业先锋，是"摩登天空音乐节"、"草莓音乐节"、"Fat Art艺术展"的主办单位。记录一个时代最深刻的声音与设计，正是摩登天空工作室主要的致力方向。其在22院街让人难忘的酷酷的办公区，其实更应该说是一个独特的实验室。许多艺术与音乐互相连通的设计就在这里奇妙发生着，新鲜而有趣——整个空间设计里都蔓延着音乐与艺术的互动，音乐的乐趣、艺术的纯新、鲜活的惊喜，这里的真实、碰撞与融合，孕育出当代艺术最为难得的灵感。

地址：朝阳区百子湾路32号苹果社区22院街艺术区6-8号

看一个小剧场

木马剧场——白领休闲鸡尾酒

小众话剧实验剧场，内部空间很独特，由高低错落、大小不同的表演区域和灵活机动的观看区域组成，这里上演过包括《东李村的驴得水》、《穿PRADA的女魔头》等多部著名戏剧，美女剧场主本身也是木马剧团的导演。这里还配有特色的酒吧，比如一款特别的酒就叫"剧情鸡尾酒"，他们相信，这些细小的又奇妙的设计，终将会为来看戏的人留下美好的回忆。

地址：朝阳区百子湾路32号22院街艺术区B座31号

泡一个书店

卡图摄影图书馆——爱拍者的分享会

中国首个摄影图书馆，免费开放的场地，几十平米见方，有着可爱的猫咪馆长向你行注目礼，两排贴墙而立的书柜，整齐地码着一排排书籍，这些书多数价值不菲，国内外最优质的摄影画册、书籍都

能阅读到，甚至还可以取下书架上的收藏古董相机观赏把玩。周末这里常常聚集着很多人，要么是摄影课堂开课了，要么是正举办着与摄影有关的分享会。

地址：朝阳区百子湾路今日美术馆22院街国际艺术区6-015号

乐"吃"
Eat

尝一桌佳宴

Billy Zhan私房菜馆——贵在创意多

创意菜品挺多，服务也相当周到。来的人都会喜欢上这里的环境，用非常有情调来形容一点也不夸张，尤其是楼上有个舒服的大沙发，楼梯上的涂鸦，看了就知道店主应该是个挺有个性的人。

地址：朝阳区百子湾路32号苹果社区北区3号楼A座009室

喫一杯好茶

密阳下午茶——和闺蜜约个会吧

木马剧场的对面，环境时尚、优雅，很有艺术质感。喜欢下午在这里晒太阳的感觉，约上三五好友享受一下这里的英式下午茶，在清幽的环境里翻翻闲书、聊聊天，真的很惬意。这里不时还会有一

些小型的展览，也挺值得一看。

地址：朝阳区百子湾路32号22院街艺术区2号楼28号

品一品咖啡

UnconditionaLove Coffee——简单去爱吧

这家店的名字翻译成中文就是"不求回报的爱"，店主说取这个名字主要是希望能把这种美好的情感通过酒与咖啡传递给客人。店主曾经是一位专业的咖啡师，并且拥有美国的专业咖啡学校颁发的

毕业证书，所以这里的咖啡都十分的正宗，艺术家刘野、陈丹青都是这里的座上客。刘野还因为喜欢这里的咖啡，专门将自己的一幅版画作品赠送给了店主。除了咖啡，这里的啤酒与威士忌也十分受欢迎，不少的外国朋友都对其赞不绝口。并且由于店主的热情好客，来这里的那些常客都与他成为了生活中的好朋友。

地址：朝阳区百子湾路32号3号楼A座110

素咖啡——单纯美好着

素咖啡里的"素"，是指对所有简

单的、美好的、本质的、单纯的事物的诠释。而店中的钢琴、油画、明信片、手绘菜单、绿植、小工艺品等，这些充满着浓郁艺术气息的小物，都会让人觉得"素"的本质是文艺。喝着店里香浓的咖啡，闲闲地在"素"准备的、给客人随意涂写的本子上面记录一些当时的心情，或者只是翻看着别人留下来的一句话一个故事，会心一笑的感觉总会在一瞬间充盈而来。

地址：朝阳区百子湾路32号22院街艺术区6号楼79号

乐"购"
Purchase

淘一些小物

万德诺——德国最悠久的家具品牌

这家店里售买的家具可是全世界最高端、最奢华的家具品牌之一，目前在北京仅此一家。作为德国最悠久的家具品牌，万德诺已经有140多年的历史，于1865年成立于德国斯图加特，在当时就以其优良的工艺而闻名于世并走入了德国皇宫。今天，万德诺在坚持传统与潮流完美的结合过程中，受到了众多世界知名建筑师与设计师的青睐，如UN STUDIO的创始人、德国奔驰博物馆及迪拜博物馆的设计主创Ben Van Berkel，德国议会大厦及T3航站楼的设计师NORMAN

FOSTER、瑜舍及长城脚下公社的隈研吾以及来自奥地利的设计团队EOOS，等等。因此，它的诸多作品都屡获红点大奖及IF奖。

地址：朝阳区百子湾路32号22院街艺术区6号楼066号

ALEX WANG——大牌明星御用店

是以设计师王培沂名字命名的高级成衣定制工作室。你或许会对他的名字感到陌生，但当你看到店内照片墙上挂满的那些明星们身穿店内品牌礼服拍摄的时尚大片时，就会明白赵薇、范冰冰、高圆圆等一线女星都挺喜欢这位设计师的设计感觉，是这里的固定客户。

地址：朝阳区百子湾路32号苹果社区10号楼B座2205

G&T Star——情调造型工作室

"金碧辉煌"的装修、古色古香的家具、金色的幔帐和弥漫在店里的檀香味……如果不是再看到店内巨大的化妆镜和散落在台上的吹风机，你一定不会把它和造型工作室画上等号。是的，这就是在圈内小有名气的造型师杨骥的店，毛阿敏、那英等一批明星都是他的老客户。

地址：朝阳区百子湾路32号22院街艺术区2-20号

田子坊
——旖旎的上海风情时尚巷

　　沿着桃红色的墙往里走，深藏于闹市的泰康路210弄，黄永玉先生给它起了个"田子坊"的名儿，寓意"田字坊"为艺术家聚集之地。后来这里以视觉创意设计"硅谷"而名声大噪，如今由设计师下海开设的特色小铺一家挨着一家，像磁石一样，对讲究品位又不落俗套的都市中人越来越有吸引力，当年弄堂的痕迹，今天依然可以从墙上钉的小小铭牌中找到。

·入榜理由·

田子坊位于上海泰康路,是最早的创意产业地。十几年前,陈逸飞就在这里建立了工作室,不过很多上海人并不愿意泡在这里,人多和价高使得这里更像个旅游区,只有游客和老外才会乐此不疲。不管上海人认不认同,从某种程度上来说,这里就是当代上海生活的一个缩影。

乐游TIPS
Tour Tips

◎ 交通

公交:乘坐17、236、304路到瑞金二路建国中路下车,步行可到。

地铁:九号线,从浦桥路站1出口出站,步行5分钟即到。

◎住宿

在田子坊周边游走后,建议驱车前往延庆路36号的小木兰旅馆,继续体验寻常上海人家的舒适细节,如同是钢筋水泥丛林边的一片绿洲。

乐"游"
Tour

观一下前卫空间

逸飞工作室——追寻艺术家的足迹

知道逸飞这个名字是从油画上、从

衣服上，还有从各种影视摄影作品上。陈逸飞不是上海人，但却在上海成为了名人，他的作品中带来的精致和细腻几乎成了异乡人谈到上海时的第一感觉。泰康路210弄巷口，上海滩一条平常的小弄堂，两三米宽的小马路凹凸不平，路边是陈旧的高墙、米面店、只有两把椅子的小发廊，处处透着市井生活的随便。逸飞工作室就夹杂在里面。艺术往往从生于生活之上，因为只有上海人才会把市井也过得体面非常。那里是陈逸飞专门在市中心为自己打造的一个私人去处，用以会客，还兼作陶艺工作室。这间房子原是日本人建造的机械零件工厂，解放后又变成了食品机械厂。现在已经被主人打造成了一个处处弥漫着老上海慵懒气息的会客厅了。大门上贴着工作室对外开放的日期，平时因为是工作室，里面充满了服装设计师，还有在门口排队等待面试的模特。工作室本该充满了行色匆匆的工作人员的，而工作室里摆设的那些据说是陈逸飞从各地淘来的古旧玩意儿们又让整个环境都显得沉静了许多。就好像大厅里那条长达四五米的大桌，虽然被各色颜料所占据，却井井有条从容不迫。

地址：泰康路210弄2号(近瑞金二路)

am Art Space——五颜六色的世界

这是上海乃至中国的首家自助画室，坐落在一座小小的二层楼内，沿着吱呀作响的木制楼梯而上，会经过两家住户，然后看到五颜六色的另一个世界。即使没有受过任何训练，在这里也能画出心中的感觉，许多人都在这儿唤醒了自己的潜能。

地址：田子坊248弄31号后门

乐 "吃"
Eat

尝一桌佳宴

That'samore——意式美食的浪漫

餐厅名翻译成中文是"酒是爱"，意大利南部的卡拉布利以及威尼斯、那不勒斯不同风格的菜肴和葡萄酒都很让人喜欢。一般我们吃到的比萨是用烤炉烤的，但这里的特色是明火炉烤的比萨，入口很香，尤其是芝士比萨，薄底加上浓浓的纯芝士味道，一道让人难忘的美味。听说，这里美食的每一种材料，甚至用的面粉、调味品、醋和盐都是精心挑选，是老板千里迢迢从他的家乡意大利运过来的。

晚上，坐在餐厅的意大利风情阳台上，在周围的葡萄藤和花花草草中喝上一杯意大利白葡萄酒，感受着清风习习，及迷离的上海街景夜景，那心情是惬意和浪漫的。

地址：泰康路200弄1号楼5楼（近瑞金二路）

1901cafe&bar——餐餐舒适随意

Bar的门牌号恰好是190弄1号，因此取了这样的一个简洁的名字。由于开在田子坊外，就比田子坊里热闹的小弄堂多了分清净。餐厅分为3个装修风格完全不同的用餐区域：最外面布置得如同欧洲小镇上常见的咖啡馆，色彩热烈奔放；西式用餐区域简单质朴，舒适而随意；最里面的中式用餐区，隐秘而怀旧。据说，老板喜欢收藏，所以店中的很多角落都有被精心收藏着的作品，从古董家具、老上海照片到老上海的电话机等，很有老上海情调，活生生就是一个小型的收藏馆。

这里提供的餐分套餐和厨师的私房菜两种，私房菜要提前一天预订，而且菜单是不对外的，很有些神秘色彩。套餐里很多菜品味道都很不错，尤其是创意性的摆盘，是客人们开始享受美食的一个很好的前奏。

地址：泰康路190弄1号（思南路）

喝在小酒馆

壹捌食堂——门庭若市只为酒

只卖意大利面和酒水的小馆，门庭若市。一间店面的背景是圆拱形的老墙，非常古雅，店主说是个红酒吧。

地址：建国中路155弄36号

乐"购"
Purchase

淘一些小物

INSH——贩卖上海气质

INSH其实是一个上海概念品牌。店里卖上海设计师设计的充满Shanghai Style的衣服，设计师的朋友拍的"海上花"照片，和一些刻有INSH logo的陶艺作品。在INSH的店里，显而易见的是一种上海的生活方式。上海人喜欢什么，上海人是怎么娱乐的，上海话是怎么说的，这些都反映在设计上，将上海的气息通过这些物质的东西传送给喜爱它的人们。除了这些上海的本土精神文化之外，INSH的店里更是把中国本土元素发挥得淋漓尽致。鲜艳的红漆木箱子上有一个大大的"申"字。服装上的龙凤狮子头，INSH把图腾性质的民族文化运用在现代化的生活用品当中，所谓上海的怀旧气息大致如此了。漫步，在INSH的店里一定要采取的行动方式，因为处处都存在着让你惊喜的设计细节，也许你可能不喜欢但是你不能不欣赏。这就是INSH。

地址：泰康路210弄11-A

HARI RABU——把整个东南亚搬回家

HARI RABU是印尼语中星期三的意思。星期三是一周中最中间的一天，过了这一天，周末在一望之内。这是一家以出售印度尼西亚工艺品为主的商店，当然你在里面也可以找到泰国的瓷、马来西亚的木雕和菲律宾的贝壳制品，这些东西都来自富有热带风情的海滨国家。想想看一个在上海工作的人大概有多长时间可以花在度假上？大概少得可怜吧。度假在上海这个城市里是一件奢侈的事情，所以这些带着假期自由气息的工艺品就成了大家追捧的好东西，如果愿意，你可以把整个东南亚搬回家。店里的东西大多是小小的，放在居室当中绝对起到了画龙点睛的作用。整个店像一条狭长的走廊，墙上是林林总总的货品，参观加购物，逛店加旅游，这就是泰康路上的HARI RABU。

地址：泰康路258号田子坊3号

名易堂JIP——男性饰品更惊艳

首席设计师来自丹麦，店里多为男性用品，从衣服到饰品系列齐全，男性饰品非常大胆、独特，又充满东方魅力，包括戒指、项链等，其中结合了黑檀木、桦木等自然材质的银饰作品非常惊艳，店内还有一些当红的绘画作品，总之是一个很酷的艺术空间。

地址：泰康路258号田子坊210弄51号

金粉世家——女人都爱定制旗袍

纯手工、定制的绝美旗袍，几乎是每个女人的梦想！金粉世家，被沪上女子称为手工好、价格公道的手工定制旗袍的首选店。

地址：泰康路210弄田子坊3号110室

M50
——苏州河的"左岸"

　　M50是莫干山路50号的简称，这里是上海文化创意产业的发源地之一，也是上海时尚潮流的发源地之一。这里原是上海春明粗纺厂，拥有自20世纪30年代以来各个历史时期的工业建筑。现在，这里吸引了全世界130多位艺术家和众多创意机构入驻，并成为了苏州河边一道独特的人文景观，是上海当代时尚文化的新地标。

·入榜理由·

M50作为最具代表性的苏州河畔的工厂仓库代表，不仅仅是保留这座城市记忆的载体，如今，它也更是前卫的当代艺术的创作和发展的空间。像早期的798，咖啡馆、服装店、家具店还算是异类，水准还是蛮高的。NoD的设计师在法国生活多年，服装、配饰都很特别；杨青青工作室能将毛呢质感设计得很轻盈；半度音乐和香风丽道咖啡虽不华丽但很惬意；天韵普洱茶社位于水塔下，外表破旧但内部会给人惊喜，还经常有关于茶的讲座，是一个高雅去处。

乐游TIPS
Tour Tips

◎ 交通

公交：76、13、63、941、166等多路汽车到达，靠近地铁1号线上海火车站、轻轨明珠线中潭路站。

◎住宿

苏州河畔风光秀丽，有很多老建筑老房子值得寻访。建议入住河畔的一些特色酒店，如号称"拥有市中心最大的绿色花园"的上海壹号码头，隐秘的环境，雅致的风格，别具特色。尤其是这里特色的圆床房非常浪漫，很适合情侣小住。

乐 "游"
Tour

玩转艺术区

包豪斯风范——看建筑记录时代

M50入口处一座小巧的红色砖楼有包豪斯风范，看不出大工业生产的痕迹，看了说明，原来这是董事和高级领导的办公所在，怪不得会如此讲究。园区面积并不是很大，却大大小小分布了21座楼，每一座楼形态都不同，一座楼可以聚集几十个画廊、店铺、设计工作室，甚至半地下室也被利用了起来。这对于看展览来说也不是坏事，至少不会那么辛苦。

拥有那份别致——买得起的艺术品

毕竟是艺术区，画廊和工作室是主打，但是逛后，给我的感觉是，这里的艺术气氛更偏商业。除了位于16号楼香格纳画廊和比翼艺术中心还比较艺术，其他都比较平淡，倒是画廊的"亲民"服务令人赞叹。除了画，在4号楼的公共空间还有不少艺术家的工艺品展卖，大到家居用品，小到首饰细软，大多数产品只有一件，售价还算合理，最重要的是你可以买到特别和个性。

潮人爱出没——享用诗意生活

M50中的生活空间并不太多，咖啡馆、服装店、家具店还算是异类，反倒保持着比较高的水准儿。各种特色店铺中包括可以让人了解上海装饰艺术家居设计流派的凹凸家具库、作为园区游览的休闲驿站的香风丽道咖啡、色彩明亮的罐子书店等。尤其值得注意且很难忽略的是M50创意园外的整条莫干山路上的艺术涂鸦，经常有各种潮人在此拍摄写真，这条街和M50一起让这里成为了苏州河畔体现上海的"艺术、创意、生活"的最特别之地。

记住这条河

苏州河——艺术的脉搏

苏州河原名吴淞江，在外白渡桥汇入黄浦江。在租界时期，外国侨民常常从这里乘船往还于苏州，因此苏州河的名字应运而生。对于老上海人来说，苏州河不仅仅是一个地名。蜿蜒的苏州河水，恰似缓慢搏动的历史脉络，目睹上海这个东方明珠的变迁，这里被赋予了太多的文艺遐想。苏州河两岸还曾是大型工厂的聚集地，近年来，随着工厂的慢慢迁出、许多艺术家的入驻，尤其是M50的出现，使这里已经成为一个更具特色的艺术之区。相比起泰康路的艺术街，这里多了些粗犷的仓库风格，非常有特色。

观一下前卫空间

比翼艺术中心——前卫的艺术挖掘机

是由意大利籍的策展人Davide Quadrio所经营，以非营利替代空间的角色，持续地介绍日本、韩国及欧美各国艺术家到上海展出，并且有驻村艺术家制度，并一直致力于挖掘边缘的、前卫的艺术想法和理念。

地址:普陀区莫干山路50号7号楼4楼

ND设计师店——特征鲜明的文艺范儿

设计师蒋琼耳的店，里面展示的全是充满个人特征的作品，有服装、首饰，甚至还有家具家饰。设计师喜欢用传统符号，然后用抽象的方式表现，总之非常具有文艺范儿。

地址：M50 4号楼

乐"吃"
Eat

尝一桌佳宴

半度雨棚——混搭食物高手

诗意的店名，惬意的环境，在M50逛累了，坐在这里喝杯热巧克力、听听音乐，时间就那么快地溜走了。店里的食物好混搭，春饼炸酱面&猪排奶酪，就像M50给人的感觉既现代又怀旧。

地址:普陀区莫干山路50号M50创意园区11号楼1楼

品一品咖啡

香风丽道咖啡与茶——悠闲在这里

位置好，装修别致，有露天座位，喝喝下午茶、晚上吹吹风、看看时尚人群的感觉还不错。这里的咖啡还不错，所以生意蛮好的，外国人尤其的多。

地址：普陀区莫干山路50号M50创意园区内

乐"购"
Purchase

淘一些小物

贝碧欧颜料店——我们都是有颜色的

来自法国，卖可以画在各种材质上的颜料，有种颜料笔适合所有人，安全的儿童益智颜料也不错。店里有个角落，可供来店的客人小试身手，说普通话的法国老板娘还会帮你解答各种问题。

地址：M50零号楼

快活漫生——看它有多会融合

木码设计的产品，很多获得了德国IF大奖。设计理念是把中西、古今、相干的、不相干的东西进行融合，很值得看看。

地址：M50七号楼

凹凸库家具店——怀旧是艺术的源泉

一个挺"另类"的收藏和研究Art Deco家具的展示厅，据说这里原来是一个充满了机油味的旧印染车间。这里放着20世纪早期的怀旧家具、老式唱机、理发椅、旧上海的美女月份牌、小风琴等，一份浓浓的怀旧气氛在"b"字形的空间里回荡……

地址:普陀区莫干山路50号M50创意园区7号楼东1楼

罐子书屋——纯净简单其实挺简单

罐子书屋来自台湾，店面纯净简单，书屋以艺术图书和画册为主，空旷的白墙上也在举办画展。有ILLY咖啡和来自台湾的茶喝。主人在长方形大吧台后忙碌，感觉很好。

地址：M50三号楼

曾厝垵
——保留那份美好的最初

依山傍海的小渔村，名气远没有鼓浪屿大，但是也正因此才得以保留那份最原始的美好。在这里，除能近距离接触居民的原生态生活外，享受那些纷繁智趣的小店、个性独具的酒吧、滋味地道的小食所、格调清雅的客栈……于是，曾厝垵成为了小清新们到厦门来的另一个理由。

·入榜理由·

这里有晴天见的冰激凌，有黄巴士的早餐，有厚吐司的吐司，有黑店的电影，这里还汇聚着来自天南海北的一群无比可爱的人文艺玩家，他们喜欢旅行，喜欢摄影，喜欢交朋友。曾厝垵作为厦门港口城市的农村和渔村，在"村改居"之后，仍得天独厚拥有如此之多的历史遗存，又能拥有那么多的文艺场所和气质，因此，让人怎么不第一眼就爱上？

乐游TIPS
Tour Tips

◎ 交通

曾厝垵在厦门环岛路，从机场、火车站打车都能到，交通特别方便。从曾厝垵到前往鼓浪屿的轮渡也没几站地，公车村口就有。从曾厝垵最远的地方步行前往海边，大约需要5分钟，如果站在村口过马路即到。

◎住宿

因为是个小渔村，直到十年前，这里的客栈才开始发展，当地人并没有太大的经营思路。因为得不到许可证，所有的客栈都是以家庭旅馆的性质经营。这些客栈各有特色，有的主人非常好客，待你如家人，有的环境好，可以看到海，有的主题鲜明。为来厦门旅行的人提供了方便舒适的住所。而且村子里的人都很淳朴善良。村里有很多特色小店，咖啡屋酒吧都齐全。就在海边的小渔村真是个旅游住宿的好地方。

乐 "游"
Tour

赏一把老建筑

红砖古厝&番仔楼——往事如烟般美好

　　走在曾厝垵，随处可见的铁花和瓷砖为那些斑驳的老房子平添着一份异国情调。建筑是最直观的展示，当年华侨建造了大量红砖古厝（是闽南传统建筑，红砖为墙，红瓦为顶，花岗石为基座，辅以木石的透雕、漏雕、圆雕、浮雕图饰等特色工艺）和南洋风格的"番仔楼"（楼前有台阶、主柱、塑雕装饰等，均散发着十足的西洋味道），至今仍有所保留。如一些较大的住宅群甚至还综合了两种建筑风格为一体：古建筑的前面两"落"的屋顶为马鞍脊或燕尾脊，最后一"落"却是南洋风味的"番仔楼"。如今，这些华侨屋多由华侨的后代或亲戚居住、管理。叹岁月如歌，往事如烟，那些曾经的辉煌和斑斓都渐渐被岁月磨碎成了迷人的斑驳……

看一宿电影

黑店——无所事事的看着电影

店主是传说在漫画界时尚界村姑界都很知名的野小蛮，她的漫画《我的生活没有你》、《世界的另一张脸》画风简单诙谐，可是到最后却是令人感动的。店子以放电影出名，不用顾名思义，小店的外墙是漆黑的。白天店里卖书卖画卖豆浆，晚上卖书卖画卖豆浆放电影。豆浆香浓有利健康，啤酒、汽水、咖啡等也是不错，正合聊天、等着聊天的伴儿的，看电影、等着看电影的，以及无所事事的他和她。

地址：厦门环岛路曾厝垵102号

小电影放映时间：每晚19:00或19:30开始

听一场音乐会

梦旅人音乐客栈——海边的音乐场

多数来这儿、住这儿的人，都是冲着这里的小演出来的。在这里，能经常欣赏到音乐艺人面对面的即兴表演，和来自全国乐队的现场音乐live。每晚的演出门票30~80元不等，遇到大牌不算运气，遇到曾厝垵本土"小牌"才叫幸运，他们的演绎无疑更有特点。

不过，吸引来自全国各地的艺术家、青年学生和背包旅行者来的另外一个原因，梦旅人是个依山傍海的大庄园，这里的望海露台，不仅可以俯瞰整个曾厝垵全景，也是曾厝垵最佳的观赏海上落日的地方。

虽然要徒步上坡才能抵达这个半山别墅，但在入住后，这一切劳累就会被认为很值得。

地址：曾厝垵332号

乐 "吃"
Eat

尝一桌佳宴

阿亮的深夜食堂——野猫子觅食地

晚睡晚起的度假生活，在曾厝垵是完全被允许的。和日剧"深夜食堂"一个风格的阿亮的深夜食堂，每到深夜，这里的气氛就会好得不得了，可口小食亲民、贴心，有时还能品尝到老板当场的即兴发挥，那味道绝对不是盖的。推荐培根卷、薯饼、煎猪排、煎多春鱼，还有用新鲜猪肝做的猪肝汤。

地址：曾厝垵328号

营业时间：18:00—2:00（这个时间经常会被拉长或者缩短）

三年二班——怀旧程序一箩筐

青驴社是也，怀旧的小饭堂。在这个店吃点喝点绝非易事，吃喝前后左右一大堆程序，要假装是学生，要把大厨称作是老师，结账还要去另外一个房间去找校长。

地址：曾厝垵文青路9号

品一品咖啡

轻尘别院——老外的心头好

当初由宗祠改为西餐厅时曾引热

议，其在每年的清明和冬至两日，都会恢复到自己的本来面目——曾氏宗祠。平日就是一家休闲咖啡馆，经理人没有对原有建筑做什么修改，仅仅添置了一些花草和摆设。不知道为何，这个别院是曾厝垵目前老外最集中的地方，总是一屋子的金发碧眼。

地址：曾厝垵61号

苏若然——人生若只如初见

"人生若只如初见，则安之若然。"会期待这店应该有个美女老板娘，名叫苏若然。但事实上，大家并不知道这家店的老板是男是女。有说它是曾厝垵最

大的咖啡厅，也有说这里只是一个小酒吧，原因是这儿的两款鸡尾酒特出名，它们是——迷失曾厝垵、逃离苏若然。

地址：思明区曾厝垵178号

啖在甜品店

晴天见——冰激凌女孩的大爱

每天的冰激凌口味都会不同，甜腻爽滑，是冰激凌女孩的最爱。男孩子嘛，可以来喝杯苦艾酒，或者咖啡什么的，坐在店门口看看里里外外的美女，那才叫养眼。

地址：思明区曾厝垵146-1号

曾阿驴奶茶——有名有人气铺子

很小很小很小的奶茶铺，当然除了奶茶还有各种新鲜的果汁。店家很好，只要进店老板都能和你热情地聊起来。

地址：思明区曾厝垵村曾厝垵社9号（近车站）

乐"购"
Purchase

淘一些小物

曾青供——文艺杂货铺

全称是曾厝垵青年供销社。曾青供卖的东西堪比文艺杂货铺，从明信片、冰箱贴、小摆件，到冰啤酒、纯酸奶、方便面、小零食都在这儿找得到。明信片和冰箱贴的价格比鼓浪屿很多小店都便宜哦。

曾青供有样东西独一无二，那就是印着"曾厝垵"字样的球衣，那是曾厝垵青年足球队队服，穿着这件球衣在曾厝垵里走一遭，马上有人把你当成本地人。

地址：思明区曾厝垵社127号

橄榄树——艺术青年开的店

是个专门卖民族服饰和物品的小店。不过，这儿的老板好像有点"不务正业"，天气好的时候老板喜欢抱着他的非洲鼓敲打着欢快的节奏，很棒呢！他经常和晴天见的老板进行吉他和鼓的合奏。

地址：曾厝垵177号

小洲村
——一头扎进古老岁月

　　干涸的河床上横着枯舟，宁静中透着一丝苍凉。沐浴着温暖的阳光，踏在青灰的石板路上，形态各异的小桥横在水面，桥上有斑驳的青苔，记载着岁月的流逝。

　　小洲村自元朝开村，有着深厚的历史文化底蕴，古祠堂、古庙宇、古民居、古桥、古树、古街巷、古井等在大都会市场经济的冲击下仍得到了完整的保护、修复和合理的利用。具有典型的岭南建筑风格的古建筑别具一格。

·入榜理由·

"古村游"+"艺术家村"概念的混搭，使小洲村几乎变成热门旅游景点。有人称此处是"广东最美的乡村"，千年古村中，数十座祠堂、古屋保存完好，妈娘桥边的古老理发铺，老师傅十年如一日地随着音乐节奏以跳舞的姿势为人理发；而在艺术价值和规划上，小洲村的案例几乎常常第一时间就被拿去与北京、上海的艺术家村比较。

乐游TIPS
Tour Tips

◎ 交通

在广州市区，可以乘坐35、86、252、298、310、565、大学城2线、大学城4线公交到达小洲村。小洲村附近有绿道，喜欢骑自行车的朋友也可以沿着绿道进入村子，骑行的路线大致为：客村立交桥脚——赤岗塔——新港西路——江海大道——新滘南路——华洲路——小洲村。

◎ 住宿

小洲村处于广州市区，没必要在小洲村住宿，而且前往小洲村的交通，公车也就两元。如果想享受古村落的清晨，村子里有民宿。小洲夜航船有个卡特小栈，可以考虑，价格150元左右，附近也有档次较高的宾馆酒店可以住宿。

乐 "游"
Tour

赏一把老建筑

蚝壳屋——见证沧海桑田

古代沿海居民就地取材，收集蚝壳，垒砌成墙。据说，用这种方式构建的屋子，冬暖夏凉，且不积雨水，不怕虫蛀，很适合岭南的气候，凝聚了古村落人们智慧的精华。村内至今还保留有这种岭南地区少有的"蚝壳屋"，它是岭南曾经"沧海桑田"的见证物。在小洲村，像这样的蚝壳屋曾多达百余间，经长年累月的风雨侵蚀，如今大部分已被拆毁，仅剩下3间，主要因为屋主举家外迁等原因才得以保留。

"三间两廊"式民居——岭南建筑风

为岭南建筑风格古建筑之一，即所谓的西关古老大屋的基本形制。这些住宅高大明亮，厅园结合，装饰精美。其基本布局是三间两廊，左右对称，中间为主要厅堂。中轴线由前而后，依次为门廊、门厅（门官厅）、轿厅（茶厅）、正厅（大厅或神厅）、头房（长辈房）、二厅（饭厅）、二房（尾房）。每厅为一进。厅与厅之间以天井相隔。天井上加小屋盖，靠高侧窗（水窗）或天窗通风采光。正间两旁主要有书房、偏厅、卧室和楼梯间等。最后为厨房。门厅右边一般设有庭院小品，栽种花木，布置山石鱼池以供游憩观赏。庭院后部为书房。大屋两侧各有一条青云巷，取"平步青云"之意。青云巷又称冷巷、火巷、水巷等，有通风、防火、排水、采光、晒晾、交通、栽种花木等功能。

泡一个书店

荒岛图书馆——爱书人的梦

2009年4月，首家荒岛图书馆进驻小洲村。这里，所有的书籍均为爱书人捐赠，所有管理人员均为志愿者，并是立足于城市社区的图书馆；这里，适用于任何爱书之人，尤其对苦恼于如何安置图书者有特效；这里，使用者年龄不限，性别不限，每周开放5天……于是，泡在荒岛就成了到小洲村来的一节必修课。

地址：小洲村西圆三巷6号（蚝壳屋，明代古井旁）

乐 "吃"
Eat

· 吃一点特色

小洲礼堂附近——吃货的天堂

　　小洲村内特色的小吃店非常多。有一家叫德闲居的小餐馆，加花生酱的肠粉做得非常独特。另外，在小洲礼堂附近，有很多有特色的小吃店，比如古屋芝麻糊、小洲嫁女饼等；东庆大街有一家大鸣堂双皮奶，有正宗的顺德双皮奶。想吃正餐的话，小洲东路的家常便饭，他家的烧鹅和叉烧做得非常好。顺德人家有正宗的顺德菜，在水一舫还有雅座……反正在小

洲村内不愁找不到吃的，这一点正好印证了广州是"吃货天堂"的观点。

品一品咖啡

夜航船吧——夜猫的宁静之舟

昏暗的灯光、悠长的音乐，一群夜猫子及爱酒人喜爱的宁静之船。一杯长

岛冰茶、一本诗集、一次邂逅、一份记忆……在别样的恬静里，聆听时间流过。

地址：小洲村南洲大街2号

乐"购"
Purchase

淘一些小物

遇见——因为个性而美丽

是小洲村非常出名的小店，搞怪的招牌一定会诱你进店。你也一定会按捺不住好奇，品尝店里的招牌——"难喝的奶茶"或者"流泪的咖啡"。这些可都是因为个性（名字）而美丽的饮品呢！然而，真正精彩的却是店里浓郁丽江气息的环境、纯手工制作的可爱饰品，以及每样小小商品背后的小小精彩故事。

地址：小洲村南胜大街4号

红砖屋——由于原创而独特

真正用红砖砌起来的屋子里，极简地摆着一张小板子、一个架子，几乎只卖小店里原创的商品，有的只此一件。最推荐的是小洲村明信片，旧旧的色调，将小洲村原有的淳朴更好地展现了出来。

地址：小洲村南胜大街5号

宽窄巷子
——古韵里的新老时光

　　宽窄巷子是成都这个古老城市往昔的一种缩影，是一种记忆的符号，是成都的一张活名片，但自从被重新开发后，宽窄巷子步行街就变成了成都最旺的"旅游点"。不过，在大家高喊着被人潮破坏了的宁静时，宽窄巷子代表的老成都大隐归属、精神家园的地位却依然稳如泰山。

· 入榜理由 ·

宽窄巷子45个清末民初风格的四合院落、兼具艺术与文化底蕴的花园洋楼、新建的宅院式精品酒店等各具特色的建筑群落组成，让游走期间的人，总收不住探寻美的目光，谋杀掉手中的菲林。

宽巷子的"窄"是逍遥人生的印记，窄巷子的"宽"是安逸生活的回忆；逍遥安逸，行云流水，顺其自然的生活态度，是成都人的精髓，是仙源故乡人居环境的神韵；短短的宽窄巷子承载着太多的历史信息与历史印记，令人遥想，慨然不已……

乐游TIPS
Tour Tips

◎ 交通

5、13、43、47、58路等公交车在金河路站下车，或乘坐62、70、93路等公交车在长顺上街站下车。

子，呈现了老成都的"闲生活"……

窄巷子——品味慢生活

院落，上感天灵，下沾地气。这种院落文化代表了一种精英文化，一种传统的雅文化。宅中有园，园里有屋，屋中有院，院中有树，树上有天，天上有月……这是中国式的院落梦想，这也是窄巷子展示出的成都院落文化，它是老成都的"慢生活"体现……

井巷子——动感新生活

井巷子体现的是成都人的新生活，同样是古建筑群落的巷子，井巷子内却汇聚了酒吧、夜店、甜品店、婚场、小型特色零售、轻便餐饮、创意时尚为主题的时尚动感娱乐区等众多时尚生活场所，是宽窄巷子里最开放、最多元、最动感的娱乐空间。

小洋楼广场——法式小唯美

是井巷子中最具特色的建筑。法式小洋楼据说曾是一个大户人家的私邸，后来成为教堂。这座法式风情的小洋楼展现了成都兼容并包的开放心态。以小洋楼为核心的广场将成为井巷子的中心节点。

◎住宿

龙堂客栈（宽巷子26号）的创始人是一位资深驴友，最初创立在现址对面，"西装革履者恕不接待"曾一度成为龙堂门口一句个性招牌。如今龙堂虽不再挂出此牌，但一直是世界驴友访成都的著名旅游休憩驿站。龙堂保持每年接待1万多人次的纪录，85%是外国背包客，分别来自70多个国家。

乐"游"
Tour

赏一把老建筑

宽巷子——住进闲生活

原住民、龙堂客栈、精美的门头、梧桐树、街檐下的老茶馆……构成了宽巷子独一无二的吸引元素和成都语汇；宽巷

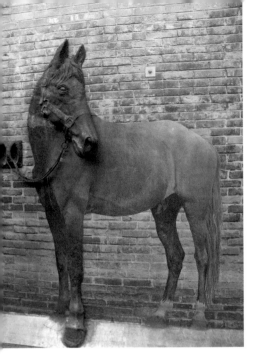

致，特别赞的是海鲜涮，鲜香别致，原浆啤酒醇爽清凉。更赞的是这里的服务，服务员不停地帮你端菜，下菜，捞菜，而且谈事情的时候，他们会自动退到门边，很懂得礼仪。

地址：青羊区宽巷子4号(近宽窄巷子)

宽巷子3号——最有活力的精致所

韵味十足的中式奉案，花梨窗栅，以及铜皮包裹、铆钉镶嵌的彩纹大鼓。倚栏可见阁楼、月桂、雅兰。在乐音袅袅中，信步于宽巷子3号的庭院中，如同走进前世的烟雨蓉城。在宽巷子3号，天井正中有一个水池，这里栽有宽巷子最多的水上绿色植物，给院子最有活力的精致。屋檐上有一串串水滴流进池子里，无论晴天雨天都给院子带来水的灵气。

"闭门迎客"是宽巷子3号的接待特色，为的是让食客能安静地在亭台楼阁中，享受煎、炸、烹、煮、炒的美食艺术。拒绝浮躁、去粗取精、融合兼收，无论环境还是意境都无一不体现食客和院主人逍遥的生活态度。

地址：宽巷子3号

蒲一下夜场

点醉——酒自微醺

是由四个80的年轻人创立的酒吧。酒吧的名字——点醉。点醉，是他们理想

乐"吃"
Eat

尝一桌佳宴

上席——有味道的泡桐小院

畅销书《我的川菜生活》的作者、诗人兼美食评论家石光华开的餐馆。院落据说是曾经的清朝小学，很文化，坐在院子里喝茶会友，很有些古意。天井内别出心裁地以横七竖八散落着的泡菜坛子做夜灯，入夜散发闲适的光。每逢花季，泡桐树的紫色小花缤纷落下，殊为美丽。

地址：窄巷子38号

宽座——闹中取静的典雅环境

是宽窄巷子里闹中取静的所在，环境典雅清爽，包间很宽敞，菜品更是精

的生活状态，点缀，被他们描述为了一种境界：花渐半开，酒自微醺，情之初动。点醉酒吧是成都第一个24小时营业的酒吧。早上10点的时候会推出早餐。咖啡红酒，西餐艺术主题加上时尚人士派对是点醉的经营特色。

地址：窄巷子21号

乐"购"
Purchase

购一些特产

红旗商场——风味食品集中营

是各种风味食品最集中的地方，可买到蜀绣、瓷胎竹编等工艺品，香辣酱、腊肉、剑南春、全兴大曲等特产。郫县豆瓣，是烹调正宗川菜必不可少的主要佐料。

地址：成都蜀都大道中段

淘一些小物

见山书局——优雅大气

就在旅人邮亭隔壁，名字非常优雅大气。老房子里的文学气息很浓，书架也很复古，里面的书看起来都挺文艺，明信片有好多种可以选。

地址：青羊区宽巷子22号

羌绣计划——大胆明丽

羌族刺绣，工艺精致，色彩大胆明丽，夸张却极富民族感。羌绣计划里的绣品、小物真是让人留恋。

地址：青羊区宽巷子

锦里
——休闲至上，里藏乾坤

　　"锦上添花，里藏乾坤。"锦里是秦汉三国时期成都织锦、售锦最著名的街坊，南方丝绸之路的起点，中外客商云集，是西蜀历史上最古老、最具商业气息的街坊，名副其实的"西蜀第一街"。

·入榜理由·

2003年10月对外开放的锦里仿古一条街早已是名声在外了，几乎成了游客到成都的必去之所。不过，这条只有短短400米的小街多多少少会有些让人感觉意犹未尽。这里满足了游人的"一站式"需求，足以让你流连整日。加上这片新区域的规划中充分引入了池塘小溪、小桥回廊等水景，也更加灵动诱人，闹中取幽。

乐游TIPS
Tour Tips

◎ 交通

位于成都市中心一环路以内，与著名的武侯祠仅一墙之隔，临武侯祠大街，此街可直达市中心天府广场，西接一环路西一段，东邻浆洗街洗面桥街（商务办公为主），该片区属于政府的"三国文化"打造区。公交1、57、304、306路可直达。

◎ 住宿

推荐锦里客栈（成都市武侯祠大街231号），以清末民初建筑为主，由客栈、隐庐、芙蓉三座风格各异的建筑群组成。庭院内有廊坊、天井、花园，房前屋后，假山耸立，绿树成荫，流水潺潺，环境清幽，让人体验到浓郁的川西民俗文化特色。此外，成都蜀汉酒店、成都锦里·自由时酒店、成都奕发和文化商务客栈，也是可以考虑的较有特色的酒店。

乐"游"
Tour

凭吊一下古人

武侯祠——追寻三国遗迹

与锦里近在咫尺的武侯祠，是纪念三国时期蜀丞相诸葛亮的祠堂，因诸葛亮生前被封为武乡侯而得名。是中国唯一的君臣合祀祠庙，由刘备、诸葛亮蜀汉君臣合祀祠宇及惠陵组成。是全世界影响最大的三国遗迹博物馆，以文、书、刻号称"三绝"的《蜀丞相诸葛武侯祠堂碑》最为知名。现分文物区、园林区和锦里三部分，面积230亩（15万平方米）。

地址：成都市武侯祠大街231号

开放时间：夏季7:30——21:00

冬季8:00——18:30

门票：成人60元，学生30元

享受一个地方绝技

掏耳朵——久远的手艺活儿

锦里最受欢迎的项目，就是掏耳朵，30元一个人掏20分钟，有时间的话可以享受一下。掏耳朵是一项年代久远的"手艺"，当喝茶的时候听见有"叮叮当当"的金属碰撞声，就表示不远处有掏耳朵师傅正在招揽生意了。师傅们拥有着数十种掏耳工具，如耳扒子、鹅毛棒、铗子、震子、马尾、刮耳刀、耳起、棉花棒、酒精、双氧水、头灯等。

145

手上拿着一把把或丝或钩或毛或钳的奇特工具的"掏耳朵"师傅都有着相当细腻的手法和专注的精神，当全神贯注地为顾客"清理"耳朵的时候，客人往往是双目微闭，一脸心满意足的表情。

乐"吃"
Eat

吃一点特色
锦里小吃一条街——巴蜀民风民俗大展示

人来人往，热闹非凡，这里有茶楼、客栈、酒楼、戏台、风味小吃、土特产，各种美食齐聚这里也充分展现了巴蜀民风民俗，特别是这里的小吃实在令人垂涎欲滴，食指大动。比较出名的有好吃街的荞面、三大炮、黄醪糟、糖油果子、牛肉豆花、三合泥、撒尿牛丸、臭豆腐、油茶、牛肉焦饼、酸辣肥肠粉、荞麦面、钵钵鸡等。色香味的甜水面、凉面、卤菜都不错。还有一家卖油炸臭豆腐、洋芋的，也是四川的名小吃。

地址：武侯区武侯祠大街231号锦里古街内

喫一杯好茶
三国茶园——以季节选茶

环境很好，装修得也不错，有比较

浓厚的三国文化，喝茶的时候可以以季节来选择。

地址：武侯区武侯祠大街231号（近锦里大门）

蒲一下夜场
莲花府邸——主打音乐牌

成都很出名的一家酒吧，环境很不错，主打音乐酒吧，有乐队驻唱。据说张靓颖、郁可唯都曾经在这里驻唱过。

地址：武侯区武侯祠大街231号附12号

乐"购"
Purchase

购一下特产
锦里的特产——味道独特

锦里有许多在成都市区很难买到的附近郊县的特产。张飞牛肉，产于四川阆中，外表呈黑色，不大好看，内呈牛肉本色，用上等牛肉拌以特制香料制成，味道独特。汤麻饼，产于四川崇州。

淘一些小物
蜀锦——中华一绝

是成都市所出产的锦类丝织品，大多以经向彩条为基础起彩，并彩条添花，其图案繁华，织纹精细，配色典雅，独具一格，是一种具有民族特色和地方风格的多彩织锦。它与南京的云锦、苏州的宋锦、广西的壮锦一起，并称为中国的四大名锦，有中国四大名锦之首的美誉，以年代久远、工艺独特而被誉为"东方瑰宝，中华一绝"，是中国珍贵的传统文化遗产。

蜀绣——蜀中瑰宝

为中国四大名绣之一的蜀绣，即集中出品于四川成都，在晋代就有蜀中之宝的美誉。蜀绣以软缎和彩丝为主要原料，针法包括12大类共122种，充分发挥了手绣的特长，具有浓厚的地方风格。蜀绣题材多为花鸟、走兽、山水、虫鱼、人物，品种除纯欣赏品绣屏以外，还有被面、枕套、衣、鞋、靠垫、桌布、头巾、手帕、画屏等。既有巨幅条屏，又有袖珍小件，是观赏性与实用性兼备的精美艺术品。

瓷胎竹编——雅致小物

会让你大开眼界，由它编成的花瓶、咖啡具、花具、饭碗等准让你爱不释手。

蛋壳画——技艺精湛

鸡鸭鹅等蛋壳，一般当做废品丢掉，若加工成工艺品则身价百倍，再稍作装饰，一幅极具品相的装饰画就诞生了。锦里这家蛋壳画小摊里，刻画有脸谱、大熊猫图案的蛋壳画很受顾客欢迎，不妨看看先。

草鞋刘——返璞归真

"草鞋刘"专营各种造型、花纹的草鞋。春去夏来，天气越来越热，草鞋的生意也随之火爆起来了。如今都流行返璞归真，想象一下，夏日傍晚，穿着草鞋出去散散步该是何等惬意？

熊猫屋——萌态百出

店里的人总是很多，非常热闹，环境也布置得很KAWAII。里面就是各种，你想得到的，想不到的熊猫系列礼品，所有的东西都是各种可爱各种萌。

地址：武侯区武侯祠大街231号锦里2期P3号(近锦里小吃一条街)

杨柳青
——钩沉岁月的沉香

　　昨日的杨柳青，有数不胜数的民间艺人，将年画、剪纸、风筝、砖雕、石刻、民间花会等民俗文化瑰宝一代代传承下来，如今的杨柳青依然"家家会点染，户户善丹青"，是独具传统魅力的千年文明古镇。在自然与人文完美融合的这里，你能瞬间就放下一路的疲倦，陶醉在这浓浓的民俗文化气息中。

· 入榜理由 ·

在年画中就认识的杨柳青，与天津城区现代化的城市生活有很大区别，这里风景秀丽、清闲优雅。徜徉于古街、戏楼、牌坊、大院中，于丝丝缕缕的细节中，去追寻那些"先有杨柳青，后有天津卫"的过往辉煌，在午后的茶香中感受那更迭于岁月中的沉香。岂不美哉！

乐游TIPS
Tour Tips

◎ 交通

从天津火车站乘开发区至杨柳青的小公汽（3元/人），下车步行15分钟即到；或从天津西站乘公共汽车153路至杨柳青，票价2元/人。自驾：

京津塘高速（天津宜兴埠出口）——外环线（西行）— 津同桥出口下外环 — 向杨柳青方向——西青区城关杨柳青镇，单程136公里。

◎住宿

住宿方便，周边的停车场就有可提供热水、设施齐全的杨柳青旅游中心宾馆，双人标准间才120元/天。

乐"游"
Tour

赏一把老建筑

明清街——青砖青瓦，赏心悦目

　　明清街采用长街和葫芦罐式相结合的建筑模式，依照"明清营造法"设计建

设，东高西低，整体二层局部三层。街内主要建筑为砖木结构，青砖青瓦，磨砖对缝，整个建筑群错落有致，让人赏心悦目。明清街面宽处不足10米，窄处7米，折线曲街，为求得聚财之意，并参照明式建筑特点，大部分古建筑以彩绘附面，其余建筑则保持了窗门的清式风格。明清街东西长156米，南北宽50米，类似于中国北方商贸老街风格。从前，每逢初一、十五日，整条街都充斥着叫卖吆喝和百姓的欢笑声，一派繁忙商贸交易景象，而今天这里依旧是熙熙攘攘、人流不绝，但走在这条街上的人，更多是来自各国各地的观光游客，这里的风味小吃、民俗货品的摊位前更是人头攒动。

地址：西青区南运河畔杨柳青镇

石家大院——华北第一宅，精绝考究

石家大院，是当年天津八大家之一——石远仕的祖宅，始建于1875年，也称"尊美堂"大院，号称"华北第一宅"、"津西第一宅"。石宅共18个院落，278间房，修建时耗费白银三十余万两，以精美的砖、石、木雕特色最为精绝考究，是迄今华北地区保存最好，规模最大的古民宅建筑之一。石家在杨柳青二百余年的历史，反映了大家族从落户、发家、鼎盛、衰微直至败落的全过程。其中，石宅的甬道和戏楼，最受影视剧导演

的青睐，包括《刀剑笑》、《非常公民》等44部影视作品都是在这里取的景。

门票：20元/人
地址：西青区南运河畔杨柳青镇

安家大院——北方大宅，灵秀豪迈

建于清代同治年间，已有150年历史。它与石家大院一个街南一个街北，撑起了杨柳青的百年历史。它的主人安文忠是杨柳青"赶大营"第一人，是他带动了"民助军需"，以全新理念支援清军左宗棠部远征新疆。如今院子里还有清代金银库、"文革"防空洞等地下遗存。

安家大院是一处很典型的北方四合连套格局的宅院，透着精美灵秀，以及浓郁的人文生活气息。宅院占地约1500平方米，共三进三出，院院相通，集中再现了百年前中国北方豪宅的盛景。如今，此院为天津收藏家刘女士所有。院内藏有大量价值非凡之古物珍品，比如古家什、古西洋物品、名贵扇骨、印章等。其中，众多的扇骨收藏珍品，堪称集中华扇骨精品之大成。

门票：20元/人
地址：西青区南运河畔杨柳青镇

文昌阁——"三宝"之一，魁星高照

运河明珠文昌阁，始建于明万历四年（1576年），现存建筑为清咸丰八年

(1858年)修建，与石家戏楼、明清街牌坊合称为杨柳青"三宝"。此阁上下三层，阁顶呈六角形，阁中供奉有孔子、文昌帝君和魁星等古代文人学士敬畏膜拜的人、神，尤其是手握朱笔的魁星，相传更是掌管着读书人的富贵和前程。故而如今，逢香火日和中、高考前，这里都会吸引众多的文人雅士和莘莘学子前来凭吊拜祭、祈求金榜题名。

文昌阁结构灵巧，造型别致，飞檐高翘，檐角各坠铜铃，风吹作响。尤其当细雨霏霏之时，"崇阁朦雨"更像空中楼阁。杨柳青文昌阁是目前中国北方保留最完好、最有特色的明代建筑之一。如有闲情雅致的游客，推荐登顶文昌阁远眺杨柳青与古运河，妙事也。

地址：西青区南运河畔杨柳青镇

观一下特色馆

平津战役旧址陈列馆——回味一段历史

平津战役天津前线指挥部旧址陈列馆坐落在西青区杨柳青镇11街药王庙东大街。天津前线指挥部司令员刘亚楼曾在这里多次召开高级军事会议，部署作战方案。

门票：1元/人

地址：西青区杨柳青镇11街药王庙东大街4号

乐"吃"
Eat

吃一点特色

宝华街小吃——种类丰富，好吃不贵

杨柳青的宝华街上，有很多好吃又不贵的小店，麻辣烫、烧烤、羊汤，年轻人都很喜欢。逛街逛累了，休息一下，酒

足饭饱之后，又可以开始淘宝行动了。煎饼馃子、面饼、绿豆饼这些小吃食，经常可以看到小贩们或从一楼窗户兜售，或推车贩卖。有时候，最平常的才是最可心的。

地址：西青区南运河畔杨柳青镇

民间风俗和历史故事，是一种喜闻乐见的民间艺术品，并已走向世界。现在，在杨柳青年画作坊，不仅能了解杨柳青年画的发展历史，还能亲自观看年画制作的全过程。

地址：西青区杨柳青明清街F24号

乐"购"
Purchase

淘一些小物

杨柳青年画作坊——近身体会年画艺术

杨柳青年画与南方著名的苏州桃花坞年画并称"南桃北柳"。想当年，天津市西青区杨柳青镇及其附近村庄，大都从事年画作坊生产，有"家家都会点染，户户都善丹青"之称。杨柳青年画始于明代崇祯年间，清代达到鼎盛时期，画作采用寓意、写实等各种手法，取材于现实生活、

巨龙古玩城——院落会馆式精品淘逛处

杨柳青巨龙古玩城，是以打造全国首家"院落会馆式精品古玩城"为主旨，在全力弘扬杨柳青年画、剪纸、风筝等本地民俗文化产品，古典家具、古玩陶瓷、玉器翡翠、象牙木雕等文玩、古玩精品的基础上，以一条有68个门店的中心大街——杨柳青民俗文化街，与60个古典四合院，全面再现杨柳青古镇历史，突出中国传统古建特色的老北方四合院落群。至此，在青砖黛瓦、古树参天、街巷纵横的古香古色中购物应该也是雅事一桩吧。

地址：西青区杨柳青镇石家大院附近

诚品书店
一日以继夜地阅读着

　　台北的书店是这个城市最炫目的招牌，每间书店都有其独特的风景，只有亲自走上一遭，才能亲身体会到台北人正在阅读、观察、喜爱什么。最主要的是逛逛这里的书店，你才会遇到一个更真实的台北。

·入榜理由·

宽敞的店面，雅洁的空间，由各种类型的图书堆成的堡垒，安静的角落，永远坐着和自己一样享受阅读快感的人群。坚持理念、独具一格、娴静优雅、不卑不亢，永远于灯火阑珊处守候着人们心灵那片柔软的所在。诚品已不仅仅是一间普通意义上的书店，而是这个城市人文理想的播种者。

乐游TIPS
Tour Tips

◎ 交通

捷运南港线忠孝敦化站6号出口出站，往南直行3分钟即可。

◎住宿

在台北，无论是国际品牌连锁酒店、温泉酒店、设计酒店，还是汽车旅馆，服务与环境都具有很高的水准。细节与设计感是其优势，让客人带着幸福感进入梦乡则是台北酒店追求的目标。

乐"游"
Tour

玩转诚品——把书店当景点逛

　　第一次与敦南诚品的接触，总会让人在记忆中留下难忘的震撼感。怎么说呢，它就像传说中的藏书阁，书籍、期刊……脑子里第一时间蹦出一个词：浩瀚无边。你会忘记那天在书店里到底待了多久，可能是3个多小时，或者更久。不过这无所谓，书店24小时不打烊，无论你待多久都行，即使已经夜深，这里依然充满着人们埋头阅读的身影。因为对许多当地人或已经在此生活许久的"台北人"来说，不论多早多晚，到敦南诚品看书都不是件奇怪的事情；对他们而言，敦南诚品的存在很自然，而且必需。

　　2008年可说是诚品敦南店"再生"的一年，经过40天的时间、耗资新台币2亿元整装的新诚品敦南店，除了迎来了超过了之前假日人流量的五倍的蜂拥人潮外，真的让人更加惊喜！地上两层、地下三层的新敦南诚品，将楼层进行了更细致的定位，二楼依旧为书店区，原本位于地下一楼的风格文具馆、儿童书店则迁至地下二楼，与诚品音乐馆共同勾画出更完整的诚品态度。

广至750坪的二楼主体书店，目前藏书量多达15万种、20万册，并新规划出了"诚品选品推荐书区"，每月依不同主题，重现诚品最初的原创精神；"诚品选书"是诚品自1990年起推出的计划，目的是为了推行"不偏食"的阅读态度，向读者推荐畅销排行榜外，同样值得阅读的各类别好书。如今规划出的"诚品选品推荐书区"，似乎是在考验着诚品身为一个台北文化指标性书店的品位与智慧。当初曾被列为"选书"的著作，是否已成为今日的经典？

此外，主体书店的另一大特点便是环绕在选品书区旁的"艺术书区"。建筑师陈瑞宪运用了诚品三元素"金、石、木"，并搭配黑檀木制成书柜与平摆桌，还配上宽大的长桌及舒适的皮椅，虽然一派内敛的古典和优雅，却在无声中散发着诱惑力，谁都想在这里走上一遭。书本，以艺术精品的方式，展示在黑檀木的书柜中。诚品这么做，是因为和爱书人一样相信，"书"传递的不仅是知识与思想，还载着一个人的生活品位。

地下二楼的音乐馆部分，也变得更讨乐迷的欢心。增设了可容纳50万笔数据的第二代MP3视听机，并提供聆赏各类音乐的专门耳机；除了数字化服务，音乐馆展售的黑胶唱片，也满足了钟爱模拟音乐的乐迷。新风格文具馆一如既往地成为人气最旺区域之一，尤其是新增设的"包装卡片区"前更是热热闹闹地排满了小女生，因为这里的缎带种类是全台北第一多哦!

还有小朋友和爸爸妈妈最爱的儿童书店，迁址之后正式更名为"诚品童书铺"，店内分为绘本及童书两大部分，从精选与推荐的角度，挑选全球优良的绘本与童书，还分主题、分年龄推荐规划，让小朋友们逛起来格外轻松。

对于习惯于长时间与书厮守在新诚品敦南店的爱书人，有一间咖啡馆自然也是锦上添花的事情。不过有点遗憾的是，由于店内人气实在太过旺盛，有时不得不站着喝咖啡……虽然也有过这样的议论：这样体态巨大、经营种类繁多的书店，怎么越看越不像书店了啊？对此，你也可以这样想——诚品其实不仅仅只是一个24小时营业的看书卖书的地方，它想要带给你的，其实更是最新的文化生活态度。

Mr·J意法厨房——到周杰伦家吃顿饭

好友周杰伦的餐厅，方文山说那里的意面很好吃。餐厅在台北有两家店，位于吴兴街的那家以"不能说的秘密"为主题，侍应生穿着的正是戏中的校服，中央空间摆放的三角钢琴，正是周杰伦和桂纶镁在电影里共奏的那台。

地址:台北市信义区吴兴街250号台北医药大学内

一间茶屋——喝方文山一杯茶

著名填词人方文山开的茶馆，专做有机冷泡茶。在这里可以看到方天王的成长足迹，包括他的小学毕业证书、家族合影、父亲的退役证书等。

地址：台北市中正区八德路一段1号

VVG Bonbon——跟着朱德庸吃甜品

主张慢生活的朱德庸觉得在林荫覆盖的敦化南路逛街是种享受，这里四通八达的小巷子里藏着许多精品店、咖啡馆，需要用一种探幽的心情慢慢行走。全台北女生最爱的法式甜饼铺VVG Bonbon就隐藏在161巷中的一栋淡紫色建筑中。充满梦幻感的粉色系设计和琳琅满目的糕饼令VVG Bonbon像极了童话故事中的甜点小屋，不过这里可没有恶巫婆，有的只是童年的甜美回忆。

地址: 台北市大安区敦化南路一段161巷13号

乐"购"
Purchase

淘一些小物

MOT概念馆——将生活与艺术转起来

微风广场对面的MOTO概念馆是栋

颇具设计感的白色建筑，店里满是将生活与艺术完美结合的设计作品。走上二楼的家居店CASA，你会看到更多国际知名设计师的家居作品。三楼则定期推出国内外艺术展览，主题常新，免费参观。最后的四楼，开阔的天台Loft Cafe着实让人惊

喜不已，落地窗与温柔的阳光，繁忙的街景配咖啡，实在是难得的享受。

地址：台北中山区复兴南路一段22号

蘑菇——散发着清新情趣的设计

"蘑菇，这种淡淡地散发出自然气味的东西，颇似当地人随缘的特质。"——这是蘑菇的设计初衷，也是它倡导的生活态度。从一件天然棉麻T恤，你立刻能捕捉到这个主题，柔软舒适的触感及特别的色彩，不断散发着清新简洁的情趣。这家原创设计品牌除了简单的服

饰，还设计各类生活用品，二楼的CD、杂志、咖啡和偶然的小展览，简直太让人着迷。

地址：台北中山区南京西路25巷18-1号

The One——绝不简单模仿复制

The One是一间生活风格概念店，店名含义旨在表达其设计理念独立无二，绝无简单模仿复制。店内分"品、馔、酌、趣"四个主题，各占一层楼的空间，出售种种生活创意品。地下空间则是设计师作品零售区，像是餐具、记事本这些生活杂物，都被设计师注入巧思妙想。最有趣的还属店内洗手间提供的大黑板和粉笔，你可以在此随意涂鸦，记录当下的心情。

地址：台北中山区中山路2段30号

恒春
——光影中的台湾最前站

　　一间普通恒春的民居，成就了一段唯美的故事，更成就了《海角七号》的辉煌。每天早晨，生活在老城的恒春人都会准时围着一幢白色二层闽南式砖墙老宅转来转去，他们在此兜售纪念品、零食和《海角七号》电影海报，一天下来的收入竟和台北的高级白领相差无几，这全拜这部电影所赐。是电影带火了恒春，还是光影中的恒春成就了电影，似乎没谁说得清楚。

·入榜理由·

好导演常用不寻常的视角，展示一个美丽世界，侯孝贤、杨德昌、李安这些台湾导演，将传统台湾传达给观众。如今，一部叫做《海角七号》的片子又让我们认识了一个新的台湾：那里虽然没有主题公园、钱柜KTV和顶级的百货公司，但小镇恒春却丝毫不乏精彩所在。

乐游TIPS
Tour Tips

◎ 交通

1、自高雄火车站前或小港机场搭往恒春、垦丁、鹅銮鼻等地的台汽、高雄客运，在恒春下车。东、西、南、北门分别位于东门路、中山路、恒南路、北门路；广宁宫、猴洞山则位于西门附近。

2、自屏东火车站旁搭往恒春的台汽、屏东客运，在恒春下车。

◎ 住宿

住的地方倒是不用担心，尤其是垦丁到处都是民宿，但在旺季要尽早订房。垦丁大街也是垦丁当地饭店、旅馆最密集的地方，如被爆炒的夏都沙滩酒店，以及凯撒饭店与垦丁青年活动中心等，都非常有名。

乐"游"
Tour

跟着电影游恒春

那些《海角七号》里的"老地方"——重温经典

没钱搭摄影棚，道具能借不租，当初穷困潦倒的导演精打细算，却无意中留下许多真实存在的电影场景，也为影迷们留下了追寻的痕迹。以下地方，都曾在《海角七号》中出现，其中部分位于恒春镇以外的屏东县其他地方。

1. 阿嘉的家

"阿嘉"的房间

电影热播后，老板曾将二层阿嘉住过的房间改为民宿，由于参观者太多，怕打扰房客而最终取消，如今只接待参观。

地址：恒春镇光明路90号

小贴士：参观阿嘉的家，约需付新台币50元一人。如果要住宿，则要整栋楼都包下来，包括客厅和厨房，需提前预约。

2. 恒春邮局

从阿嘉家步行5分钟，便可看到电影中茂伯与阿嘉工作的恒春邮局。《海角七号》走红后，许多影迷会仿影片中那句著名的话（"友子：让我们一起努力为世界多加点爱情的感动吧，阿嘉上。"）写信给"小岛友子"，然后寄到"恒春郡海角七番地"。这些无法投递的信件，恒春邮局收到了8000封。于是，恒春邮局灵机一动，将特制的"海角纪念戳"盖在每封信上后再退回。所以到了恒春，来这里盖个纪念戳是必需的。

地址：恒西路1巷32号

3. 西城门

这个位于恒春西门路上的城门是台湾保存最完好的古城门遗址之一，从这里进城，可以瞬间完成时光穿越的过程。电影中阿嘉骑摩托从台北回来，就是从这里进城的。

4. 电单车行

《海角七号》中暗恋有夫之妇的水蛙工作的地方，电影中阿嘉送信骑的摩托车，便是这里友情出借的。

地址：恒春镇恒南路44号

5. 茂伯家

片中酷而倔强的老头茂伯用过的月琴等物件现在都放在屋外展示，你也可以拿起来模仿茂伯的样子拍照留念。

地址：屏东县满州乡永靖村庄内路42号

费用：每人20元新台币清洁费

6. 友子阿妈家

虽然在电影中只出现了一个背影，但友子阿妈家仍是人气旺盛的地方。这所

超过半世纪的老宅院，保留着台南人家传统的建筑风格。

地址：屏东县满州乡中山路54号

费用：每人20元新台币清洁费，送一张明信片

7. 垦丁夏都沙滩酒店

友子拖箱子进入的酒店大门、山寨乐团举行海边演唱会的沙滩、设庆功宴的餐厅，全都在这家酒店内取景。拍摄时"海角七番"的日文门牌也被真实保留，让虚构的"海角七号"地址，在现实中有了真实的落脚点。

地址：恒春镇垦丁路451号

参加一场音乐盛宴

恒春音乐节——听，春天在呐喊

《海角七号》结尾高潮部分的音乐会，影片中邀请了日本歌手中孝介参加的音乐会，模仿的是恒春的"春天呐喊"。

"春天呐喊"，是恒春非常有特点的一项民俗活动，也叫"叫春"或"春呐"。这个活动最早是1995年在台湾定居的两名外国人创办的，他们最初的想法，只是想在垦丁很美的山景海景中找一群朋友一起弹弹唱唱，弄个音乐会自己娱乐。没想到经过几十年的坚持，"春天呐喊"现在已经成为当地一年一度的音乐盛会，也是台湾迄今规模最大的国际型音乐艺术文化展演活动。

乐"吃"
Eat

吃一点特色

槟榔——恒春人大爱"青仔"好味

恒春人嗜嚼槟榔，福德路号称是全台最大的槟榔零售市场；每天上午，福德路

上总是挤满了采买槟榔的人，一箩筐一箩筐的"青仔"摆在路旁，不少家庭主妇和排湾人在此一边挑拣，一边和小贩闲话家常。游客来此逛逛，还能感受到浓浓的乡土趣味。

正黄家绿豆蒜——车城特色美食

车城的小巷子中，总有满满的游客挤着吃绿豆蒜。绿豆蒜是车城特色美食，正黄家即是享誉当地50年历史的创始老店。绿豆蒜的原名是"绿豆馔"，它本是当地喜宴上的一道饭后甜点，将绿豆去皮蒸煮、加糖，散发浓浓的香，因它的外观和捣碎蒜头极像，故名绿豆蒜，冷、热各有不同风味。当年它仅是店主舒解乡愁、补贴家用的小食，今日由于《海角七号》的播出，绿豆蒜已声名远播。

地址:屏东县车城乡福安路3-36号

马拉桑小米酒——喝醉了喝高了吧

马拉桑是台湾原住民阿美族语，意思是"喝醉酒、喝高了"。马拉桑小米酒是"大三通"后第一款来自台湾的美酒。台湾信义乡农会为获得台湾金马奖多项提名的《海角七号》量身定做的马拉桑小米酒，伴随着电影卖座而蹿红，如今已经成为了恒春有名的特产之一。

乐"购"
Purchase

垦丁大街——好吃好逛好玩

这条大街到了晚上热闹非凡，是当地唯一的夜市，好吃的、好玩的摊位都排在路的两侧，饭店和酒吧的霓虹灯到处闪耀。甚至还有停在路边的小卡车，把车厢板翻下来居然就变成了一家路边小酒吧。在垦丁购物也主要都集中在这条大街上了，除了有几十家个性纪念商品店外，还有许多饰品及纪念品的小摊位。在这里，创意T-Shirt、比基尼、遮阳帽、海滩鞋、包包等应有尽有，充满异国风情的手链、贝壳饰品、手工编织品等也精彩纷呈。

海的颜色——纪念品购不停

一家挺特别的店，提供旅游咨询和纪念品售卖。

地址：屏东县恒春镇垦丁路210-8号

泽信纪念品——爱不释手的礼品屋

喜欢她家的贝壳、水晶、饰品等纪念品。

地址：屏东县恒春镇垦丁路158号

寻宝屋——女孩子都喜欢的店

女孩子们一定会流连许久的店，这里售卖饰品、各式娃娃等纪念品。

地址：屏东县恒春镇垦丁路152号